AF371254

LA GAMOLOGIE,

OU

DE L'ÉDUCATION

DES FILLES DESTINÉES AU MARIAGE.

SECONDE PARTIE.

LA GAMOLOGIE,

OU

DE L'ÉDUCATION

DES FILLES DESTINÉES AU MARIAGE ;

OUVRAGE dans lequel on traite de l'excellence du Mariage, de son utilité politique & de sa fin, & des causes qui le rendent heureux ou malheureux.

PAR M. DE CERFVOL.

SECONDE PARTIE.

Ut ameris amabilis esto.
Ovid. de Art. Am. l. 2.

A PARIS,

Chez la Veuve DUCHESNE, Libraire, rue S. Jacques, au-dessous de la fontaine S. Benoît, au Temple du Goût.

M. DCC. LXXII.

Avec *Approbation & Privilége du Roi.*

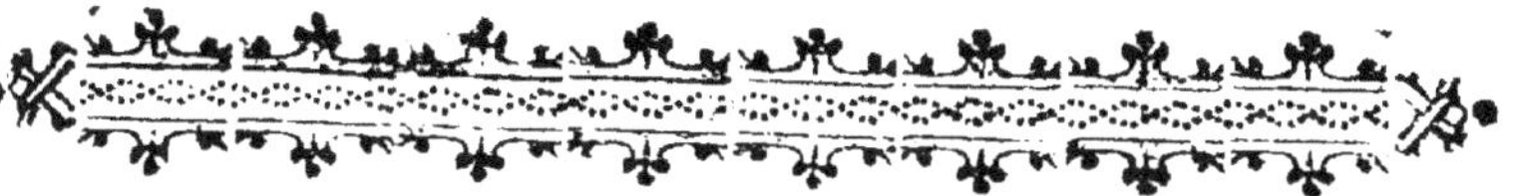

LA GAMOLOGIE,

OU

LA SCIENCE DU MARIAGE.

LETTRE NEUVIEME.

L'usage ou la coûtume ne détruit point les premiers principes. Nos jugemens se forment sur ces principes. L'opinion que nous avons de ceux qui s'en écartent, n'est point telle que nous la leur témoignons.

JE ne dois pas vous laisser ignorer, ma chère Sophie, qu'il est

II *Partie.* A

deux fortes de bonheur. On eft
heureux , en jouiffant actuellement des objets de fes defirs. C'eft
la félicité vulgaire ; elle eft l'effet
de l'abondance ; & conféquem-
ment tous ceux que le hafard fait
naître riches , ou qu'il éleve à la
fortune & aux grandeurs , y peuvent participer.

Nous pouvons être heureux ,
au centre des privations les plus
abfolues , & indépendamment
de tout ce qui eft hors de nous.
C'eft la félicité des grandes ames.
Elle réfulte du témoignage intérieur de la confcience ; & vous
la préfererez fans doute à la première efpèce , parce que vous
pouvez vous la procurer par votre
feule volonté , & fans le con-
cours desêtres qui vous environ-

nent. Il n'est au pouvoir de qui que ce soit de vous en priver. D'ailleurs, on fait souvent d'inutiles efforts pour atteindre l'autre sorte de bonheur, qui, après tout, n'est qu'une jouissance subordonnée, dépendante des circonstances, des temps, des lieux, des personnes, & que le plus léger accident peut interrompre ou détruire.

Vous n'en ferez pas la funeste expérience ; il faut se le persuader ; mais qui oserait garantir à la plus belle, à la plus vertueuse fille, qu'elle ne sera pas la plus haïe, la plus malheureuse de toutes les femmes ?

Que cette réflexion ne vous effraye pas, Sophie. Il ne s'agit que de sçavoir se conduire, pour éviter les plus grands revers ; que de se suffire à soi-même, pour en triompher. Quand l'ame est occupée du *bien*, qu'elle en est remplie, la scène de la nature offre d'assez intéressans tableaux pour amuser les sens.

Cependant je ne crois pas qu'il y ait au monde de situation plus délicate, que celle d'une femme tout à la fois jeune, belle, riche, & maltraitée de son Epoux. Une foule de dédommagemens de tous genres se présentent continuellement à ses yeux : elle peut choisir au gré de son tempérament, de ses inclinations, de ses caprices, & même de sa vengeance. *L'usage* & la *mode*, toûjours assortis aux vices dominans, ne manqueront pas de légitimer ses démarches les plus hasardées ; & lorsqu'enfin il ne sera plus possible de les dissimuler, ils les couvriront des plus spécieux prétextes. Eh ! peut-on être coupable quand une multitude d'exemples nous justifient? Ce qu'on tolère dans les autres, le réprouvera-t-on par rapport à moi? Voilà ce qu'en secret bien des femmes se disent à elles-mêmes : & c'est à l'aide de cette fausse maxime que plusieurs d'entr'elles vont à pas de géant dans la carrière du désordre.

On ne sçaurait prendre trop de précautions pour se garantir de l'influence maligne de l'exemple ; & c'est souvent une erreur

groſſière que de calquer ſa conduite ſur celle des autres , lors
même qu'elle eſt montée ſur le
ton regnant dans la Société. Pour
vous en convaincre , nous allons
examiner juſqu'où peut s'étendre
l'autorité de *l'uſage* , & vous ſe-
rez ſurpriſe du peu de ſatisfaction
qui reviendrait aux femmes, ſi
elles prenaient la peine d'appro-
fondir les ſuffrages que nous leur
donnons en public. Commençons
par une définition , ſans laquelle
nous courrions riſque de ne nous
point entendre.

Ce qu'on exprime par le nom
générique de *mœurs* d'un peuple , ce ſont les actions extérieures des particuliers qui le
compoſent, priſes collectivement.
Comme on ne ſuppoſe pas qu'il

ait été promulgué des loix qui
preſcriviſſent le mal, en tant que
mal, on peut dire d'une nation
qu'elle a de bonnes *mœurs*, tant
que les loix qui la régiſſent y ont
leur pleine & entiére exécution;
car ce qu'il peut y avoir de dé-
fectueux dans ces loix eſt relatif,
& ne doit pas être imputé à ceux
qui leur ſont ſoumis; l'obéiſſance
aveugle étant exigée & exigible
dans toute eſpèce de gouvernement, quand la ſouveraineté
parle avec l'appareil du pouvoir
légiſlatif.

Enſuite des loix, il eſt un pouvoir ſecondaire, dont l'action n'a
ſouvent pas moins d'étendue que
celle des loix mêmes, auxquelles il ſupplée en quelques cir-

constances , & qu'il élude ou détruit en une infinité d'autres, C'est ce qu'on appelle *l'usage* ou la *coûtume*. Les Grands d'une Nation , c'est-à-dire ceux qui parmi elle jouissent du droit de faire le bien & le mal , avec la certitude, ou du moins l'espoir d'être toûjours loués & jamais repris ; les Grands , dis-je , sont les auteurs des usages. Ils les ont établis bons ou mauvais, suivant les divers dégrés d'intérêt , de crainte & d'espérance dont ils étaient animés à l'époque de leur institution. Ainsi l'acception de ces *usages* , fût-elle presque unanime , n'est pas une régle sure pour en déterminer la qualité, lors même qu'ils semblent combattre le principal penchant du peuple qui les reçoit. La douceur & l'aménité caractérisent le Français : cependant avec quelle fureur n'a-t-il pas pratiqué l'*usage* du duel ? *usage* aussi injuste que barbare, puisqu'il soumet le droit & l'équité à la force & à l'adresse.

Il suffit à la *coûtume* d'être une pratique arbitraire, & non une loi positive, pour emporter la soumission universelle. Les hommes sont tels, ma chère Sophie, que tout ce qui les contraint, les révolte, & qu'ils acquiescent aux plus impertinentes absurdités, dès qu'on leur laisse le choix de les accepter ou de les rejetter. Si la plûpart des *usages* étaient imposés par une loi de rigueur, si leur violation était fuivie du châtiment, le murmure ferait général : l'air retentirait des plaintes amères de ceux là mêmes qui s'y afferviffent le plus ftrictement.

Tel eft l'effet de l'*ufage*, qu'il donne une forte de légalité à certaines actions que des principes plus fixes réprimeraient. Il en eft, malgré cela, plufieurs dans le nombre de celles que l'*ufage* femble juftifier, que nous ne fçaurions approuver, qui nous répugnent même, & qu'il ne tient pas à nous de profcrire. On en trouve de ce genre, jufques dans les chofes les plus indifférentes, telles que font les modes, l'étiquete, &c, qui caractérifent, il eft vrai, la totalité d'une nation;

mais dont l'acception est sans conséquence relativement aux particuliers (*a*). L'autorité de l'*usage*
se borne donc à nous empêcher
de condamner formellement telle
pratique & telles actions : elle
évite à ceux qui les commettent,
l'inculpation juridique ou la ré-

(*a*) On voit souvent des femmes mode-
rées, spirituelles & vertueuses, affecter de
se mettre à l'unisson avec celles qui n'ont
pas toutes ces qualités. Le Français ridi-
culise tout ce qui n'est point assimilé à ses
goûts, à ses faiblesses, à ses travers ; & parmi nous la tache du ridicule est indélébile.
Voilà pourquoi tant de personnes sages prennent le masque de la folie. Est-ce prudence ?
Est-ce pusillanimité ? Doit-on se dégrader
par pure complaisance, sur-tout chez un
peuple qui n'a besoin que de modèles, pour
atteindre rapidement aux excès en tout
genre ?

probation solemnelle du crime ou de la faute : elle ne va pas plus loin ; & notre jugement se détermine toûjours, en dépit de l'*usage*, sur ce qu'il y a de bon ou de mauvais, de louable ou de répugnant, dans ces pratiques & ces actions.

Peut-être que cette opération de la volonté spontanée, ne serait pas la moindre preuve de l'existence d'une raison universelle qui, indépendamment des loix, des coûtumes & du préjugé natal, analyse tous les objets de sa sphère, distingue le bien & le mal dans quelque ordre & dans quelque sujet qu'il se rencontre ; & qui, tranchant sur l'arbitraire, assigne aux actions les qualités &

les dénominations qui leur font propres.

Ainſi lorſque les femmes ont paſſé de l'eſpèce d'eſclavage dans laquelle elles vivaient, à l'état de liberté abſolue, la raiſon a dû murmurer. Ceux-mêmes d'entre les hommes qui jouiſſaient le plus des douceurs de leur commerce, ont à coup ſûr blâmé un changement, qui néanmoins faiſait leur bonheur. On peut ajoûter qu'ils ne l'auraient pas ſouffert, s'il ſe fût fait ſubitement, & que, quelque intérêt qu'ils euſſent eû à voir briſer les chaînes que des mœurs trop auſtères impoſaient à la plus belle moitié du monde, la raiſon les eût éclairés ſur des inconvéniens qu'un jour à

venir ils ne pourraient faire ceſ-
ſer.

Mais ce n'a été que par gra-
dation que les femmes ont re-
couvré leur liberté naturelle ; &
c'eût été un crime de leur diſ-
puter un droit qu'elles tiennent
de l'origine commune. Elles font
partie de la Société ; elles de-
vaient y rentrer ; ou plutôt elles
n'auraient jamais dû en être ſé-
queſtrées. C'était aux progrès
qu'elles faiſaient vers la liberté indéfinie , qu'il fallait s'oppoſer. On
eût ſervi leur ambition en lui
donnant des limites : on leur aurait conſervé l'empire de la beauté , de la douceur , de la vertu ,
le ſeul qui leur convienne ; on
aurait enfin évité de tomber dans

l'extrémité opposée à la conduite de nos pères. Ils traitaient les femmes en esclaves : il suffisait de les traiter en femmes.

Le desir du pouvoir suit de la faiblesse, & lui est proportionné. Le droit de subjuguer notre sexe n'a donc pas dû toûjours suffire au vôtre : il manquait aux femmes d'avoir le domaine absolu de leurs propres personnes. Pourvues d'attraits dont l'effet n'est que trop certain, secondées par l'art séducteur & sur-tout par nos faiblesses, elles tentèrent l'entreprise. La corruption des *mœurs*, qui résulta bientôt de la galanterie des Cours, favorisa leurs prétentions ; les passions dégénérées en vices, y applaudirent, & l'u-

ſage enfin les leur confirma. La raiſon vit l'abus : il n'était plus temps. Le ridicule dont on couvrit ſa réclamation, la réduiſit au ſilence.

Si nous rapprochons le genre de vie que menaient nos grand'mères, recluſes dans d'inacceſſibles forthereſſes, de celui de nos femmes, continuellement errantes dans la Société, nous ſerons frappés d'étonnement ; ou plutôt nous plaindrons la faible humanité qui ne connaît preſque jamais d'autre moyen de réprimer un vice, que de lui en ſubſtituer un autre.

Nos ayeux, en retenant leurs épouſes dans une ſolitude forcée, les privaient injuſtement

des plaisirs que produit le mélange des sexes dans la Société ;
ils se dérobaient à eux-mêmes
tous les agrémens qui naissent de
ce mélange : & si je ne craignais
de hasarder une assertion, je di-
rais qu'il y avait plus de barbarie
que de *mœurs* dans leurs procé-
dés. L'*usage* qui a fait cesser cette
contrainte, n'est pas moins respectable que ne le font les loix
gardiennes de nos propriétés : il
a rendu aux femmes un avantage qui ne pouvait leur être en-
levé sans violence, &, par conséquent, sans crime. Mais, par-
tager l'empire de la Société, ou
l'envahir totalement, ce sont
deux actions très-différentes : &
je ne vois plus qu'un abus dans

l'*usage*, quand il a permis que les femmes regnaffent avec caprice, fouvent avec tyrannie, & toûjours impérieufement, parce qu'alors toute idée d'affociation de co-pouvoir a été détruite.

Par fucceffion de temps cet abus de l'*usage* s'eft converti en vice. Votre fexe, vivant dans une familiarité intime avec le nôtre, ne tarda pas à découvrir jufqu'à quel point les paffions pouvaient nous dégrader, & combien elles feraient irritées par la préfence continuelle de leurs objets. Peut-être que réfléchiffant fur les caufes de leur ancienne fervitude, les femmes crurent en appercevoir le motif dans la confervation de la *pudeur*. La facrifier, cette *pudeur*, leur parut peut-être un moyen fûr de ne plus tomber dans la contrainte. Eh ! fans doute, puifque dans le fyftême d'un défordre général, la voie des dédommagemens étant ouverte à tous également, il devait naître bientôt de la réciprocité des outrages & des vengeances, une indifférence abfolue fur la conduite des femmes.

La délicateffe des hommes était bleffée dans ce nouvel arrangement ; mais il étendait leurs plaifirs ; il les multipliait. Ceux-là fur-tout, dont l'intégrité de la couche n'avait pas été refpectée, y retrouvaient une portion de cette jouiffance acquife, qu'on leur avait dérobée : & l'Amant, & l'Epoux, & cette foule de célibataires sans cesse aux prises avec la continence publique, tous y durent souscrire. Insensiblement on s'accoûtuma à regarder comme essentiel dans les femmes ce pouvoir, jadis précaire, qu'elles tenaient du chef de la Société : & la corruption avide de se propager, vit bien que, pour parvenir à son but, il suffisait de rendre l'unique modérateur de sa conduite ce sexe duquel la puissance était déjà fondée sur l'attrait irrésistible du plaisir dont la nature nous a fait un besoin.

Cependant nous perdions un droit & bien flateur & bien précieux ; celui d'aimer les femmes pour leur vertu , de triompher dans la sécurité de la beauté soumise à notre seul pouvoir ; mais nous en acquérions d'autres. Nous pouvions les haïr, les méprifer, felon qu'elles refuferaient ou accorderaient des faveurs que le partage avilit, & qu'on fuppoferait toûjours motivées fur l'intérêt, fur le tempérament ou fur quelqu'autre caufe dans laquelle le fentiment n'avait point de part. En s'attribuant l'indépendance, les femmes crurent y gagner : elles fe trompèrent. Ces fières fouveraines d'elles-mêmes ne fecouèrent un joug honorable, que pour fe foumettre à un joug flétriffant. Ceffant d'être nos compagnes, & ne pouvant devenir nos defpotes, elles ne font plus, depuis la fubverfion de leurs devoirs, que les efclaves de nos plaifirs & les victimes de nos paffions.

Lorfque vous ferez dans le monde, ma chère Sophie, vous entendrez blâmer hautement la conduite févère de nos ancêtres envers les femmes. La cenfure qu'on en fait aurait mon fuffrage, fi elle n'était un jargon de pure étiquete dans la bouche de ceux qui la prononcent. Pour connaître la duplicité de ces apologiftes éternels de l'*ufage* actuel, fuivez-les, fcrutez leurs vrais fentimens à l'égard de plufieurs femmes auxquelles ils ont témoigné tant d'eftime en votre préfence. Vous verrez avec horreur que leurs louanges font fauſſes, ou qu'elles ont un motif qui fait rougir l'objet ſur lequel elles tombent : vous apprendrez avec ſurpriſe que le ſouvenir des bontés qu'ils en ont reçues, ou des refus qu'ils en ont eſſuyés, ne ſe retrace plus à leur eſprit qu'accompagné du plus outrageant mépris : qu'enfin l'inſtant qui ſemblait devoir les attacher pour jamais au malheureux objet de leurs caprices, eſt celui qui les en éloigne ſans retour. Alors la juſteſſe de mon principe ſe manifeſtera à vos yeux, par la comparaiſon que vous ferez du ſentiment qu'on a des femmes qui s'oublient, avec celui qu'on feint d'en avoir, & vous appercevrez

aiſément que la même raiſon qui
nous a fait rejetter l'antique *uſage*
de tenir les femmes captives, eſt
encore le motif qui nous porte à
condamner l'*uſage* actuel qui leur
accorde l'extrême liberté dont il
était impoſſible que le grand nombre n'abuſât.

Il n'eſt pas difficile, au reſte,
de réunir les opinions ſur des actions que l'*uſage* autoriſe: les gens
mêmes auxquels elles répugnent,
craignant de devenir le but des
railleries dont la perverſité acca-
ble la vertu, préfèrent d'y donner une acceſſion vague, pour
avoir la paix. L'on convient ſouvent qu'une choſe eſt bien ou
mal, au gré des intéreſſés, pour
n'avoir point à prouver de fâ-
cheuſes

cheufes vérités. D'ailleurs la force des paſſions étouffe la honte du menſonge dans certains hom-mes, & réduit quelquefois les plus ſages à traiter d'indifférentes des démarches qui tiennent au crime, ſi elles ne ſont pas la conſommation du crime même.

Dans toutes ces circonſtances, *prononcer* n'eſt pas *juger*; c'eſt être entraîné par la multitude des ſuffrages; c'eſt vendre ſa voix au reſpect humain; c'eſt obéir ſerſilement à d'aveugles paſſions; c'eſt, en un mot, faire un trafic odieux de ſes ſentimens, contre les plaiſirs que la crainte altère toûjours, & qui deviennent ſouſvent le germe indeſtructible des plus cuiſans remords.

II Partie. B

L'acte par lequel nous jugeons exige, pour être accompli, que notre esprit soit dans l'état de parfaite liberté : c'est seulement en ce cas, que nos conclusions méritent le nom de *jugement*. Le jugement se fonde sur l'institution de la nature, ou, à son défaut, sur le principe primitif & fondamental de la société dans laquelle l'objet de notre décision existe. Ainsi les *usages*, les *coutumes*, *l'opinion* vulgaire, peuvent captiver, notre jugement, le contraindre même au silence ; mais rien ne peut s'opposer aux syllogismes qu'il forme dans la solitude de la conscience, & sa logique est exempte de toute jurisdiction.

Vous êtes frappée, Sophie,

de la contradiction qui se trouve entre ce que nous disons, & ce que nous sentons ; vous ne concevez pas comment un homme peut donner toutes les marques de l'estime, du respect, de l'amour même, à des femmes qu'il méprise ; & vous vous en prenez à la nature, qui n'aurait pas dû laisser subsister ces contradictions. Il n'y en a point dans son système. Pour conduire les hommes au grand but qu'elle s'est proposé, elle leur donna des penchans, & comme elle agit toûjours pas des moyens généraux, elle imposa plus de nécessité que de choix dans celui des sexes qui devoit attaquer (a) : elle fit présent de la

(a) On suppose ici les choses, non tel-

pudeur à celui qui devoit subir l'attaque , afin qu'il s'en servît comme d'un bouclier pour repousser les traits de la séduction; comme d'un miroir où se réfléchissent tous les vœux , & qui décide infailliblement de leur légitimité. Lorsque nous rencontrons la *pudeur* dans une femme , nos poursuites peuvent n'en être pas moins vives ni moins pressantes , parce qu'alors l'amour-propre est de moitié dans sa conquête ; mais elles sont moins brusques & n'atteignent jamais à cette véhémence téméraire qui ravit & n'ob-

---

les qu'elles sont, mais telles qu'elles devraient être dans l'ordre des mœurs. La puissance prolifique de notre sexe ne s'étend pas à une seule femme ; & cela suffit pour prouver ma thèse.

tient point, & qui force le con-
sentement; parce qu'en cette circonstance comme en toute autre, la vertu en impose au vice.
Ce n'est qu'à l'égard des femmes
de cette espèce qu'un homme
peut devenir coupable ; on l'est
toûjours en se parjurant ; mais
doit-on plaindre celles qui, après
avoir enhardi nos passions , en
deviennent la proie?

LETTRE X.

De la subordination naturelle des femmes. Le systême de la liberté indéfinie ne leur est point avantageux.

JE vous ai fait voir précédemment, ma chère Sophie, combien les jugemens secrets des hommes sont différens de leurs témoignages publics, & que les éloges qu'ils prodiguent à ces femmes qui se livrent au monde avec une espèce de fureur, n'ont rien moins que l'estime pour fondement. Ces mauvaises dispositions vous allarment : elles ne vous regardent pas. Mais pour les justifier examinons aujourd'hui quelle est la principale destination de votre sexe ; & si nous trouvons des disparités frappantes entre sa conduite actuelle, & les loix naturelles auxquelles il est subordonné, il faudra bien convenir que plusieurs femmes ne méritent pas un sentiment plus avantageux que celui que nous en avons, & que, pour le détruire, elles doivent commencer par faire cesser les motifs qui l'ont déterminé.

La faiblesse des femmes résulte de leur propre constitution, & des accidens naturels auxquels elles sont sujettes. N'importe d'ailleurs quel soit le principe de cette faiblesse qui les caractérise ; elle suppose le besoin constant des secours & de la protection des hommes, &, par une suite nécessaire, la subordination du sexe protégé au sexe protecteur.

Vous sçavez, Sophie, que par le terme de *subordination*, nous n'entendons point exprimer un esclavage total, qui emporte le renoncement absolu à sa propre volonté, ni l'entiére abnégation du domaine de sa personne. Cette espèce d'asservissement, pratiquée chez les Orientaux, est inconnue parmi nous ; & je pense qu'il serait difficile d'établir un principe qui l'autorisât. La subordination de laquelle je parle, consiste moins dans l'obéissance,

que dans la privation du pouvoir.
L'homme eſt le chef de la Société, & non la femme. Celle-ci
eſt comme ſon aſſeſſeur, dont il
doit reſpecter la qualité & les lu-
mières, prendre & peſer les con-
ſeils. Elle a le droit de repréſen-
tation, celui de s'oppoſer à d'in-
juſtes loix ; mais non d'en créer
de nouvelles. Sa puiſſance ſe borne donc à concourir avec celle de
l'homme ; & toute paſſive, toute
précaire qu'eſt cette puiſſance,
elle n'a pas moins d'étendue que
la nôtre, quant à l'exécution,
lorſqu'elle tombe ſur des objets
d'expreſſe convention (*a*).

(*a*) Sous cette convention, on peut entendre, par exemple, la conſervation de

Dans cette hypothèse, la science de concilier sera plus essentielle aux femmes, que ne le serait la force de commander; & voilà d'où vient ce caractère de douceur & d'ingénuité qu'on admire dans toutes celles qui, comme vous, ne font point encore atteintes de la manie de dominer. Vous aurez lieu d'observer dans la suite que les femmes qui ont soigneusement cultivé les in-

ses biens dotaux, le régime du domestique, qui comprend, outre le soin de la fortune commune, la première éducation des enfans, leur conservation, le soin de leur inculquer les principes des vertus sociales & autres, relativement aux Loix civiles & religieuses, ainsi qu'au rang qu'ils font présumés devoir tenir dans la Société.

clinations douces qu'elles tiennent de la complexion de leur
sexe, exercent leur empire sur
nous avec plus de puissance ; que
leurs avis sont plus écoutés & plus
suivis, parce qu'on en respecte
la source & les motifs ; qu'on ac-
quiesce plus volontiers à leurs
opinions, parce qu'elles ne sont
point énoncées de manière à
faire violence aux nôtres ; & qu'au
contraire, celles chez qui l'esprit
de domination prévaut, éprouvent plus de contradictions.

Lorsqu'un Amant veut ravir
une fille à l'obéissance de ses parens, ou une femme au pouvoir
de son mari, il commence toûjours par l'infatuer des maximes
avec lesquelles on prétend établir

B vj

la liberté indéfinie. Son dessein,
qui l'a déjà porté à se mettre au-
dessus des Loix, exige encore que
l'objet de sa passion franchisse ce
dangereux intervalle. Dans cette
vue il confondra toutes les notions de la liberté, & il se gardera
bien de distinguer entre l'abus de
cette première faculté des hu-
mains, & l'usage légitime qu'ils
en peuvent faire. Mais, vous avez
lû dans l'histoire quelle a été la
conduite de ces fameux scélérats
qui, pour s'attribuer un pouvoir
qu'ils voyaient avec envie dans
des mains qui le tenaient de la nature, soufflaient le poison de la
révolte sous le nom spécieux de
la liberté. Ils n'engageaient leurs
compatriotes à secouer le joug

légal du Souverain , que pour leur en impofer un autre, fouvent plus rigoureux, & toujours d'autant plus infupportable, qu'il émanait d'une puiffance que réprouvait le droit pofitif. Telle eft la fin que fe propofe tout féducteur, & telle doit être auffi la deftinée de celles qui fe laiffent enivrer de l'efpoir perfide d'une liberté fans bornes.

Tous les êtres, & par conféquent les femmes, font fujets à des Loix de fubordination qui doivent les régir dans quelque fituation qu'ils fe trouvent , & qui ne fe terminent que dans la majefté du premier Etre. Ce n'eft qu'à l'abri du pouvoir paternel ou marital que votre fexe peut marcher d'un pas ferme au travers des écueils de la Société. S'il dédaigne le feul appui qui puiffe le foutenir , fon naufrage eft prefque certain.

Pour ajoûter au danger du fyftême de la liberté indéfinie , une politique libertine a couvert de fleurs tous les chemins qui y conduifent. Les premières démarches que fait une femme vers l'indépendance ne manquent jamais de prétextes (*a*) ni d'appro-

----

(*a*) Chariclée confent d'être enlevée par Théagènes : un Oracle & la fourbe du Prêtre Calafiris l'y déterminent. Depuis la ceffation des Oracles, les femmes n'ont eu qu'un motif de moins. C'eft une belle leçon pour les Ieunes perfonnes que les *Amours de Théa-gènes & de Chariclée.* Je ne connais point

bateurs : elles lui procurent aussi des plaisirs plus piquans que ne le sont ceux de la vie honnête & tranquille. Mais qu'ils sont courts, ces plaisirs ! Que leur cessation est à craindre ! Et peut-on goûter des louanges qu'on a tant de raisons de supposer fausses, & qui d'ailleurs sont fondées sur un motif qui nous couvre de honte ?

Il faut, ma chère Sophie, que les notions de la *pudeur* soient

---

d'ouvrage plus propre à former des Dom. Quichotte de la chasteté. Les Amans y reposent souvent sur la même nate, & goûtent presque sans cesse le plaisir d'être seuls. Je conçois que l'auteur de ce Roman, qui était Evêque, ne croyait à la vertu, qu'après qu'elle avait passé par les plus rudes épreuves.

bien fixes, pour nous contraindre à blâmer en secret des démarches dont l'effet eſt de combler nos vœux les plus chers ; des démarches que dans le feu des paſſions nous approuvons ſincerement, & dont quelquefois même dépend tout notre bonheur. C'eſt pour avoir méconnu ce retour inévitable de la raiſon ſur les ſens, qu'une multitude de femmes ſe ſont laiſſé décevoir par l'eſpoir fantaſtique de la liberté abſolue. Le vrai bonheur ne ſe rencontre que dans l'ordre, & il était naturel qu'elles ne trouvaſſent dans la violation de leurs premiers devoirs, que le germe d'éternels repentirs.

L'expérience à cet égard n'a

pû encore convaincre les femmes.
Curieuses de réduire en pratique
des maximes d'indépendance ,
dont la théorie les flate , elles
semblent s'appliquer à ménager
les instans & à nous abréger les
soins , & ce n'est pas même un
phénomène que d'en voir courir
au-devant de nos désirs, quoique
certaines de ne les avoir point
fait naître. Cette conduite est flétrie d'un nom infamant parmi les
gens grossiers de la campagne &
le menu peuple des villes ; mais
dans les ordres supérieurs où le
vice est plus poli & la corruption
plus artistement exprimée , on se
contente d'appeller *aimable* une
femme galante , pour la distinguer de celles qui ont conservé

leur vertu, qu'on nomme *prudes*,
farouches, &c. Toutes ces épi-
thètes n'ont, au reste, qu'une
fignification arbitraire, & vous
ne tarderez pas à vous appercevoir, quand vous ferez rentrée
dans le monde, que les hommes
ne leur donnent intérieurement
de valeur, que ce qu'elles en
ont.

De l'infraction aux loix qui fu-
bordonnent les femmes dans quelque fituation qu'elles fe trouvent, foit à leurs parens, foit à
leurs époux, font nées les mau-
vaifes difpofitions dans lefquelles
notre fexe eft à leur égard. Toutes
ne les méritent pas, j'en con-
viens; mais il faut connaître les
hommes avant de les juger. La

jouiſſance actuelle eſt preſque toûjours ce qui nous détermine, ſur-tout lorſqu'elle ſe trouve dans la ſphère des objets de nos ſens, & nous nous y livrons ſans prévoir de quel ſentiment elle ſera ſuivie. Ainſi, adorer une femme dans le moment qu'elle accorde tout à nos deſirs, la mépriſer dans l'inſtant qui ſuit & lorſque nous venons à réfléchir ſur l'atteinte qu'elle a porté à ſes devoirs, ne ſont point deux ſentimens contradictoires. Il peut arriver même qu'ils n'ayent pas plus de ſtabilité l'un que l'autre, & qu'ils ſe ſuccèdent alternativement, étant occaſionnés par la préſence ou l'abſence du ſujet qui les a excités.

Je suis bien éloigné de croire que la pluralité des femmes ait conspiré contre le pouvoir paternel & contre celui de l'époux, dans la vue de se livrer ensuite à tous les désordres qu'entraîne l'indépendance : il n'est point d'homme qui osât le penser. Je présume seulement que le trop facile accès que nous trouvons auprès d'un grand nombre, nous a pû prévenir contre tout le sexe en général ; sur-tout lorsqu'on a vû l'*usage* tolérer des démarches qu'il aurait dû flétrir.

Je prévois bien, ma chère Sophie, que vous m'allez objecter avec votre candeur ordinaire, que plus est grand le nombre des femmes qui s'écartent de leurs devoirs, & plus celles qui y sont soumises doivent être aimées, chéries, respectées ; car enfin, direz-vous, la rareté des choses ajoûte à leur prix. Cela devrait être, Sophie ; mais cela n'est point.

L'abandon sans choix, que le caprice & l'aveugle tempérament seuls décident, la facilité des conquêtes, en un mot, accoûtume les hommes à ne plus regarder les femmes que comme une espèce inférieure, destinée spécialement à l'usage de leurs passions. Vous chercherez en vain de l'estime dans ce sentiment ; vous n'y en trouverez point.

Ceux d'entre les hommes qui ne recherchent dans la Société

de votre sexe qu'une satisfaction passagère, regardent la vertu du même œil que nous voyons ces raretés étrangères, que l'on admire, sans désirer d'en faire l'acquisition. Incapables d'aucune inclination fixe, les hommes dont je parle ne sont point à l'épreuve des refus. Les sévérités de la pudeur les révoltent, & il est essentiel à leur félicité de n'avoir que de l'indifférence pour elle. C'est leur manière d'être. Ce qu'ils sentent pour les femmes n'est pas de l'Amour : c'est une fougue des sens, ce sont des désirs sans objet, que la résistance éteint. Ils cèdent la victoire dès qu'il faut la disputer. D'ailleurs pourquoi, se dit-on à soi-même,

pourquoi tant folliciter auprès
de l'une, ce qu'on peut fi facilement obtenir de l'autre ? C'eft ici
un de ces cas où la concurrence
avilit le prix de la chofe. Ajoû-
tons que comme il faut prendre
l'homme tel qu'il eft dans fon
inftitution purement phyfique ,
c'eft-à-dire, toûjours entraîné
par le plaifir actuel, & n'ayant
pas autant que vous à craindre
de fes fuites, fa conduite à l'é-
gard des femmes dépendra toû-
ours de leur retenue.

J'ai fuppofé ici la corruption
égale dans les deux fexes : mais
en admettant qu'elle n'eft point
univerfelle, quel parti prendra
l'homme vertueux, l'ami de l'ordre , lorfque cent exemples lui

apprendront que l'antique respect pour des nœuds qu'on regar-
dait comme sacrés, est détruit; que
l'*usage* en tolère la violation dans
les femmes, tandis que le préjugé
subsiste contre l'Epoux maltraité?
Voudra-t-il, pourra-t-il même
raisonnablement hasarder un en-
gagement indissoluble, dont sa
femme se jouera peut-être au gré
de sa légèreté, & contre lequel
il ne pourra reclamer, sans se
couvrir de ridicule? Non, sans
doute. Il fuira toute association
fixe; & si sa vertu ne lui en permet pas de passagères, il finira
par haïr un sexe dont il aura
long-temps craint & désiré la
possession.

Je ne m'arrêterai pas sur le
sentiment

fentiment de ceux d'entre les hommes qui, féduits par de flateufes apparences, n'ont trouvé dans la plus fainte des unions, qu'un cercle de mortifications & d'outrages. Condamnés à dévorer leurs chagrins dans l'ennui du filence, le mépris & l'indignation ont dû les affecter d'autant plus profondément contre les femmes, qu'ils avaient plus de droit d'en attendre leur félicité. Il eft toûjours douloureux d'être trompé dans fon efpoir; mais des fermens libres & folemnels, mais laReligion & les Loix femblaient garantir celui de l'Epoux : c'eft fur la foi de ces auguftes témoins qu'il s'eft engagé. Vous conce-

II. Part.   C

vez qu'il doit être pénétré d'horreur.

En s'écartant du régime qui leur est prescrit par la nature, les femmes n'ont point étendu leurs droits réels ; vous voyez, au contraire, qu'en général elles ont perdu ceux qu'elles avaient à notre estime & à notre respect ; & par une fatalité attachée à la violation de premières règles, les fautes répetées de plusieurs, ont excité contre le sexe entier une prévention qui chez les hommes les plus modérés ne se borne pas toujours à la crainte & à l'indifférence.

LETTRE XI.

De la principale destination des femmes. L'état de mère exclut la vie dissipée. Il est vénérable, il suppose la vertu. L'honneur & la santé sont attachés au respect des Loix civiles & naturelles.

CE n'est point à l'égard de la subordination seulement que les femmes ont enfreint leurs loix constitutives ; mais de cette première infraction, comme d'un principe fécond en effets pernicieux, sont sortis tous les abus, tous les désordres dont on les peut censurer. Je me garderai bien de vous retracer l'ennuyeux

& affligeant détail de leurs écarts. Votre vertu, ma chère Sophie, souffrirait de cette énumération, sans que vous y apprissiez autre chose que le nom de certains vices que vous ne pratiquerez jamais.

Cependant il en est un, dans le grand nombre, qu'on se contente assez ordinairement de placer dans la classe des abus, & que je range, moi, dans le rang des crimes que la nature abhorre, & sur lequel je ne puis me dispenser de vous entretenir. Les exemples s'en multiplieront sous vos yeux & vous les recevrez souvent de la part des femmes mêmes dont la réputation est le mieux établie dans la Société.

C'eſt principalement à cet égard que votre ſexe s'eſt prodigieuſement écarté de ſa deſtination, & qu'il a bien fait voir que quiconque s'autoriſe de l'*uſage* pour tranſgreſſer un de ſes premiers devoirs, ne tarde pas à s'affranchir de tous.

Les femmes ſont les dépoſitaires de l'eſpoir des générations ; ce ſont elles qui doivent perpétuer la première eſpèce d'êtres dont eſt formée la grande chaîne qui les comprend tous. Sorties des mains de la nature pour remplir ce vaſte deſſein, elles ne ſçauraient réſiſter à la deſtination ſpéciale d'être *mères*, ſans manquer aux conditions de leur exiſtence ; ſans détruire, autant qu'il eſt en elles, le corps politique qui reçoit ſa force du plus grand nombre ; ſans trahir le vœu des familles qui les adoptent dans la vue de ſe propager ; ſans s'expoſer enfin elles - mêmes aux plus terribles inconvéniens cauſés par la ſurabondance ou le reflux des liqueurs propres à la génération & au développement des individus qui doivent prendre naiſſance dans leur ſein.

Quand je range la maternité dans la claſſe des premières obligations , je ne prétends point parler des femmes qui ont le malheur d'être ſtériles , non plus que de ces filles liées par des vœux contraires à leur reproduction , & pour leſquelles la vertu d'être *mères* ferait un crime. La situation des premières est à plaindre : je ne discuterai pas les motifs de celles de la seconde espèce, parce que cela n'entre point dans mon plan, où il ne s'agit que de l'état utile de *mères* & non de celui qui lui est opposé. Mais je soutiens que, pour le reste des femmes, la maternité est de rigueur. C'est une vérité, ma chère Sophie, qui résulte de la contexture des organes, de tout l'être physique de votre sexe ; & qui n'a pas besoin d'être démontrée. Cette condition de son existence, pour ne lui être pas aussi essentielle que la respiration & l'usage des alimens, n'en est pas moins placée dans le rang de

ces devoirs rigoureux dont le
mépris entraînerait les plus fâcheufes conféquences.

Etait-ce l'inftinct, était-ce le
hazard qui dans l'état agrefte
portait les femmes à fuivre leur
deftination ? Le befoin les y dé-
terminait - il fans choix, & la
rencontre fortuite des fexes leur
fuffifait - elle pour fe reproduire
fans répugnance ? On ne répond
à ces queftions frivoles, que par
des conjectures plus frivoles encore. L'ufage de quelques nations actuellement fans loix, fans
mœurs fixes, où les fexes fe com-
porteraient enfemble, comme
les animaux, ne ferait pas capable de former une opinion fur ce
point ; car, qui peut affurer que

l'inftitution primitive n'eft pas corrompue chez ces peuples errans ? On a découvert des nations timides ; d'autres qui méprifaient les dangers. Qu'en conclure ? L'homme, originairement, était-il intrépide ou pufillanime ? On peut à fon gré foutenir ou nier l'une & l'autre hypothèfe.

L'état focial , qui fuppofe une Légiflation, ne s'eft pas contenté de donner fa fanction au régime de la nature dans une infinité de cas; il a , de plus , ftatué fur les moyens qu'il convient d'employer pour parvenir au but qu'elle prefcrit. De ces moyens , les uns font abfolus ; mais ceux fur lefquels il n'a point été prononcé , font tels, que l'infracteur est toûjours la victime du mépris qu'il en a fait. Ainsi la loi écrite exige d'une fille qui, suivant l'ordre préétabli, veut devenir *mère*, qu'auparavant elle soit épousée par un homme; que ces épousailles soient célébrées selon certain rit; qu'elles soient précédées & accompagnées de diverses formalités; & que dans les différentes communions, le Prêtre ou le Magistrat conste de leur volonté mutuelle & de leurs sermens, après avoir acquis la connaissance claire & distincte de leur habileté à contracter.

Il n'est pas rare de voir des filles passer à l'état de *mère*, sans avoir fait usage de ces moyens. On ne sçaurait même disconve-

nir que leur bonheur actuel peut
n'être point intéreffé au cérémo-
nial qui donne la légitimité aux
unions : ce qui doit les allarmer,
c'eft que leur félicité dépendant
du myftère, elle s'évanoüira avec
lui. Qui d'ailleurs oferait garantir
que celui qui a trahi la confiance
de votre famille, ne deviendra
pas un jour parjure à votre égard ?
Quiconque vous a féduit, peut
vous tromper encore. Lorfque
l'intrigue éclatera, ne comptez
plus fur l'amitié de vos parens ;
vous n'aurez plus que leur haîne.
Elle fe manifeftera peut-être par
une exhérédation totale, &, fi
vous êtes en leur puiffance, par
une détention perpétuelle. Alors
vous aurez la douleur de voir votre

C vj

postérité sans nom, sans fortune ;
au sein même de sa patrie traitée
comme étrangère : & ce qu'il y a
de plus affligeant Sophie , vous
ne pourrez plus prétendre à l'estime publique. C'est à cette der-
nière peine que les loix ont bor-
né leur vengeance contre les ré-
fractaires de la pudicité. Le Lé-
gislateur a cru inutile d'y rien
ajouter, & vos idées font certainement d'accord avec les sien-
nes.

Tout ce qui militerait contre
une fille devenue Mère , tourne
à l'avantage de l'épouse. Votre
nom , votre état , votre fortune
le confondent, il est vrai , dans
ceux d'un époux; mais l'usage de
tout ce qu'il possède vous est dé-

volu. Les caresses d'un mari qui vous adore, vous dédommagent de celles de vos parens qui vous chérissaient. Quelques complaisances vous mériteront de la part de la famille où vous entrez plus d'affection, peut-être, que vous n'en aviez pû obtenir de la vôtre. Une plus noble prérogative enfin est attachée à votre qualité de femme : vous avez des droits incontestables au respect, à la vénération publique. Remplissez vos devoirs : soyez fidelle, soyez *Mère*; & vous en jouirez.

Qu'une fille, & je la suppose jeune, belle & sage ; qu'une fille, dis-je, paraisse dans la société ; les gens les plus polis ne lui doivent que des égards : on a de la vénération pour une femme. Oui, Sophie , l'état de femme eſt vénérable & il n'eſt point de fortes d'attentions , point d'eſpèce de déférences qui ne lui ſoient dues; & la raiſon de cette conduite n'eſt pas difficile à deviner.

Le ſentiment de reſpect qu'on a pour les perſonnes de votre ſexe engagées dans le mariage , ne vient aſſurément pas de ce qu'une fille a quitté ſon nom , pour prendre celui de ſon époux; il ne ſuit pas non plus d'un certain caractère que leur imprime le mariage ; car la vénération eſt la même dans les pays où l'acte qui le forme eſt religieux , & dans ceux où l'on ne le conſidère que comme un contrat purement

civil. Ne cherchons point la source de ce respect ailleurs que dans
l'idée de fécondité qui accompa-
gne toûjours celle du mariage,
& qui, réveillant en nous la sensibilité & l'affection, nous porte
à rendre tous les devoirs, à donner tous les secours dont nous
sommes capables, à celles que
nous supposons être *Mères*, ou
devoir le devenir.

Si vous me demandez pour-
quoi, à l'aspect d'une femme enceinte, nos entrailles sont émues
de pitié & de tendresse ; pourquoi, sans réflexion, nous sommes déterminés à lui rendre des
soins, à prévenir ses nécessités ;
je vous répondrai que je n'en
sçais rien ; que dans la nature il

est bien des choses que nous pra-
tiquons sans en connaître le principe ; que peut-être le souvenir
de notre origine excite en nous
ces sentimens. Guidés, sans nous
en appercevoir, par la grande maxime : *Traite autrui comme tu voudrais en être traité*, nous avons
pour les femmes enceintes tous
les ménagemens que nous défi-
rons qu'on ait eus pour nos *Mères*
lorsqu'elles nous portaient dans
leurs flancs. Au reste, fi l'instinct
n'eût pas éclairé les hommes fur
ce qu'ils doivent à votre fexe en
cette circonstance, c'est une leçon qu'ils auraient prise des brûtes.

On peut décevoir notre atten-
te ; mais auffi nos fentimens peu-

vent varier. La vénération que nous avons pour les femmes suppose la maternité. Si elles ne remplissent pas cette condition, c’est ou parce qu’elles ne le peuvent, ou parce qu’elles ne le veulent pas. Dans la première supposition, nous ne leur devons plus que les égards communs à tous les êtres de notre espèce. Dans la seconde, comme on peut présumer qu’elles n’estiment point assez le genre humain pour contribuer à l’entretenir, le genre humain est fondé à les payer du même sentiment. Et parce qu’elles n’évitent la grossesse que pour s’épargner quelques douleurs, quelques privations passagères, plus souvent pour se livrer avec plus de liberté à des penchans parmi lesquels le libertinage peut presque toûjours être compté, nous joignons le mépris que mérite le vice, à la haîne qui est due au crime.

Aux raisons naturelles qui motivent notre respect pour la fécondité, on peut ajoûter qu'elle est le signe démonstratif de la sagesse dans les diverses situations où une femme a pû se trouver. Les joüissances prématurées, ou excessivement répetées, l'usage immodéré de toutes les espèces d'alimens, des liqueurs spiritueuses, les plaisirs atténuans des veilles, ceux plus destructeurs encore auxquels un célibat forcé semble avoir donné naissance, & qui jettant la nature dans de perpétuelles illufions, en énervent les refforts : voilà les caufes majeures de la ftérilité fi rare dans les campagnes & fi commune dans les villes. La vie innocente contribue plus qu'aucun régime à rendre les femmes fécondes : celle qui lui eft oppofée produit un effet contraire, & cela eft dans l'ordre.

Lorfque vous ferez femme, ma chère Sophie, la vénération publique vous indiquera jufqu'à quel point vous devez vous refpecter. Les attentions continuelles de la fociété vous avertiront des égards que demande votre état, vous ne tarderez point à fentir que le beau titre de *Mère* exige de votre part bien des mé-

nagemens que vous ne vous de-
viez point étant fille.

Prévenue d'ailleurs que ce n'eſt
pas à la femme comme Epouſe
d'un homme , mais ſpécialement
à la *Mère* de famille , que la vénération eſt due , vous ne tente-
rez pas d'uſurper les prérogatives
du mariage, par l'abus le plus cri-
minel. Une fois réſolue à ſuivre
votre deſtination , tout le plan
de votre conduite ſe développe-
ra à vos yeux. Vous verrez qu'on
ne peut prétendre à l'honneur
d'être *Mère* , en ſe livrant à la
diſſipation & aux excès ; que le
régime le plus ſimple donne la
poſtérité la plus nombreuſe & la
plus robuſte ; que la vie innocente , que beaucoup de retenue &

de circonspection, conviennent essentiellement à celle qui porte dans son sein l'espoir précieux & fragile de la nature. Votre félicité, en suivant le plan que je vous trace, n'aura peut-être pas cet éclat dont tant de femmes sont éblouies ; mais elle sera permanente. La prospérité, la joie, les délices se fixeront dans votre maison : vous les goûterez en paix, parce qu'elles seront pures, & c'est-là, ma chère Sophie, le *nec plus ultrà* du bonheur.

Croyez-moi : l'amitié des siens, l'estime du Public, sont des biens réels, comme la haîne particulière & le mépris général sont des maux certains. Si l'association du vice produit quelquefois l'amour, il ne peut subsister long-temps ; & il n'attend pas toûjours pour cesser que les passions qui l'ont fait naître soient éteintes. D'ailleurs nous ne règlons pas nos jugemens sur ceux d'un Epoux qui peut être votre complice. Les suffrages du corps politique sont un retour des avantages qu'il retire de vous : il ne les doit qu'à quiconque lui en procure. Or, ceux qu'il reçoit d'une *Mère* de famille, sont les plus essentiels.

La prévention qui porte les femmes à éviter de devenir *Mères*, est de toutes les absurdités la plus palpable. Ne pénétrons point dans les motifs qui peuvent donner lieu à cette prévention chez quelques unes ; payons-nous de ceux qu'elles allèguent ou que l'on devine sans malignité :..... le soin de leur santé..... de leurs charmes...... la crainte des dégoûts..... L'expérience justifie que parmi les moyens de se concilier la tendresse de son Epoux & l'estime générale, celui d'avoir des enfans est tout à la fois le plus sûr & le plus légitime. Et, comme pour ajoûter au mépris dont doit être flétrie la stérilité volontaire (a), la nature a voulu que ce même moyen s'accordât parfai-

____

(a) Personne n'ignore la rigueur des Loix Judaïques contre la stérilité naturelle des femmes. On peut juger par leur sévérité des peines qu'aurait prononcé Moyse contre des femmes volontairement stériles. **Le Législa-**

tement à vos plaifirs (*b*) , au defir
inné de conferver votre fanté,
vos attraits & de prolonger la
durée de votre vie.

La conftitution phyfique des
femmes , relative à leur deftina-

---

teur des Hébreux , tout éclairé qu'il était,
n'a pas prévu cette efpèce de crime , que le
rafinement de notre fiècle a produit.

(*b*) Les plaifirs de l'amour , s'ils font
trop fréquens , émouffent les organes : ainfi
l'ufage fobre des voluptés , les rend plus pi-
quantes. Je ne craindrai point d'être démen-
ti par les femmes fécondes quand j'ajoûterai
que les fenfations qu'éprouve une *Mère*, en
le devenant , font d'un genre fupérieur à
toutes celles qu'elle reçoit en d'autres circonftances. Sans cette fage compenfation, la
nature eût manqué fon objet. Je l'ai déja in-
finué : pour jouir de tout le bien attaché à
chaque condition , il ne faut fouvent qu'en
remplir fidelement les devoirs.

tion,

tion, comporte un volume d'humeurs qui s'augmente continuellement jufqu'à ce qu'elles ayent atteint l'âge propre à devenir *Mères*, & dont les fources ne s'épuifent que lorfqu'elles perdent la puiffance de l'être. Pour entretenir la fanté & la beauté dans votre fexe, ces humeurs doivent être dévorées par les individus fucceffifs qui y prennent l'exiftence & l'accroiffement ; finon , il eft à craindre que leur furabondance ne fe manifefte par des éruptions plus dangereufes encore qu'incommodes, ou qu'elles ne refluent dans le fang qui les a produites , & y portent la corruption qu'elles ont contrac-

II. Partie,   D

tée depuis qu'elles en sont sépa-
rées.

Ainsi, ma chère Sophie, votre
sexe s'expose aux accidens les
plus fâcheux, souvent les plus
terribles, en voulant se soustraire
à quelques désagrémens, à quelques privations passagères dont
l'effet se borne à nous donner la
force de desirer. Le systême de
la nature est si admirablement
lié, que ce qui l'altère dans ses
principaux points, entraîne après
soi le châtiment dû à l'infraction.
Et combien de femmes se sont
vues réduites à un célibat forcé,
pour avoir répugné à leur destinée, par une folle appréhension
de perdre leur santé & leurs at-

traits ? Elles s'estimaient trop jolies il y a six mois : une maladie causée par d'excessifs ménagemens, fait qu'on trouve aujourd'hui qu'elles ne le sont pas assez.

Voyez dans les campagnes le ferme embonpoint , le coloris sain & quelquefois brillant , la longévité enfin de certaines femmes fécondes dont la postérité vigoureuse excède en nombre celle de vingt ménages de la Capitale. Elles ne se sont pas contentées de porter leurs enfans dans leurs flancs ; elles les ont allaités. Voilà pourquoi la santé se perpétue dans ces familles ; voilà peut-être aussi pourquoi la vertu y est plus communément héréditaire qu'ailleurs. Car enfin , si nos inclinations résultent de notre tempérament , qui oserait soutenir qu'on ne court pas les plus grands risques en faisant abreuver son fils du sang d'une étrangère ?

Je finis par un trait qui ne vous est point inconnu. Je m'informais un jour des nouvelles de la Marquise de * * * * , qui était malade dans son Château. Sa Fermière , à qui je m'adressai , me dit qu'elle était fort mal ; puis ajoûta : c'est bien sa faute , si elle meurt avant trente ans ! J'en ai cinquante , & je n'ai jamais été malade.... Et votre secret, lui dis-je en plaisantant ; peut-on le sçavoir ? Elle me répondit : J'ai toûjours agi , toûjours usé de tout sobrement ; j'ai toûjours aimé mon mari , & j'en ai eu dix-huit enfans que j'ai tous allai- tés.... Je ne lui demandai point si elle avait été toûjours vertueu- se. Dix - huit enfans ! Hé-bien ! Sophie, cette Fermière était en- core très - capable d'inspirer une passion.

LETTRE XII.

De la Politique du Mariage.

LE Mariage est une association qui doit durer autant que la vie. Il n'est, par conséquent, aucune condition dans l'état civil qui exige plus de circonspection, plus de ménagemens, plus d'égards réciproques, de la part de ceux qui l'embrassent. Si le hazard ou la nécessité vous transportait chez les Tunquinois, ma chère Sophie, ne feriez-vous pas usage des ressorts les plus déliés de la politique, dans la vue de jouir parmi ces Peuples de tout le bonheur dont leur Gouvernement est susceptible ?

Un motif plus puissant asser-
vit les personnes mariées au devoir de se plaire. Leurs nœuds
sont l'ouvrage du choix, & le
repentir de les avoir formés inté-
resse leur vanité. S'il est toûjours
fâcheux de haïr, sans doute il est
cruel de se voir réduit à détester
l'ojet qu'on a chéri. La société
des Epoux enfin n'a pour terme
que l'existence ; & elle peut se
continuer long-temps en dépit
de leur volonté. En voilà assez,
ce me semble, pour exciter notre
attention, & nous faire sentir la
nécessité de se conduire dans le
mariage de la manière la plus
propre à s'y procurer le bonheur.

Cependant, par une contra-

diction dont on n'a point d'e-
xemples dans les autres liaisons,
personne ne craint moins de se
choquer, de se contrarier, de se
donner de mutuels dégoûts;
personne, en un mot, ne s'ob-
serve moins que les gens mariées.
Le mariage est-il donc trop nouveau parmi nous; ou bien ce
lien respectable a-t-il atteint la
vétusté? En sommes-nous à
l'A-B-C. sur la plus importante
des unions; ou en avons-nous
oublié les principales règles?
Quelqu'un résoudra peut-être la
question en disant que le mariage ne jouit pas d'assez de considération, pour mériter que les
Epoux s'assujettissent strictement
aux loix qu'il prescrit. Il ne faut

jamais insister sur des vérités mortifiantes ; mais je n'oserais garantir deux siècles de durée à tel corps politique dans lequel le mariage en serait venu à ce point de discrédit, que, tout compensé, un homme vertueux ne se crût pas obligé de s'y soumettre.

Le Mariage est l'unique source d'une bonne population. On tenterait inutilement d'autres moyens d'avoir des hommes ; aucun ne remplirait ce grand objet d'une manière satisfaisante. Telle a été l'opinion de toutes les Nations policées, & elle n'a pû être différente, attendu que la consommation de l'espèce humaine étant plus considérable & plus rapide dans l'état social, que dans aucun autre , il faut des reſſources & plus certaines & plus abondantes que celles que produiraient des unions vagues. Le premier, le plus formidable Empire du Monde, s'occupait de cette utile vérité.

Rome joüiſſant en paix de ſes vaſtes conquêtes, regorgeant de citoyens dans ſes murs , & comptant vingt Rois parmi ſes ſujets, Rome au ſein de la ſplendeur ſentit la néceſſité d'une population légitime , qui naît, s'élève , s'inſtruit , ſe forme aux vertus , aux Sciences , aux Arts par les ſoins de ſes parens , & dont l'état n'a que des ſecours à attendre , ſans jamais en être ſurchargé. Les prétentions d'un

Romain père de famille, ne se bornaient pas au stérile respect de ses concitoyens, ni à l'honneur plus stérile encore d'être agréable au Chef de la République; il jouissait encore d'immunités encourageantes : en sorte que si l'inévitable fléau de la guerre lui ravissait une portion de sa postérité, il pouvait réparer ses pertes dans la tranquillité & l'aisance où la Nation avait soin de l'entretenir. On ne peut guères douter qu'avec ces maximes favorables à la population, Rome n'eût achevé la conquête du monde & ne l'eût conservée, sans la faute que commit le premier des Constantin.

Comme on ne sçaurait préfumer que le corps politique concoure à l'établiſſement d'opinions ou d'uſages deſtructifs de ſa puiſſance, il me paraît plus ſimple de ſuppoſer que l'idée avantageuſe ou défavorable qu'on ſe forme d'une condition, réſulte de la fortune bonne ou mauvaiſe de ceux qui l'ont embraſſée. Dans ce cas, comme dans une infinité d'autres, nous jugeons par les effets, ſans prendre la peine de remonter aux cauſes qui les produiſent. Si nous examinions les circonſtances où ſe ſont trouvées les perſonnes dont l'état eſt l'objet de notre critique, quelles étaient leurs diſpoſitions avant que d'y entrer, & la conduite qu'elles y ont tenue depuis qu'elles y font engagées , nous nous épargnerions fouvent la honte d'avoir mal raifonné.

C'eft par un jugement auffi précipité que bien des gens fe préviennent contre le mariage. Ils ne veulent pas , difent - ils , commettre leur félicité aux hazards d'une affociation dont rien ne peut interrompre la durée, & que le plus léger accident peut convertir en une affreufe gêne. L'expérience les a convaincus que fur cent unions on en trouve à peine une qui fuccède au gré de ceux qui l'ont contractée.

La crainte de mal réuffir en formant des nœuds indiffolubles, n'eft pas fans fondement ; mais comment la concilier avec le peu de précautions que prennent ceux qui s'y assujettissent ? D'ailleurs cette foule de maux dont tant d'Epoux sont assiégés, a-t-elle pour cause le mariage, ou même les personnes mariées? C'est ce que je me garderai bien d'avancer. Et d'abord une institution aussi naturelle dans son principe, aussi utile dans sa fin, que l'est le mariage, ne peut être aussi dangereuse dans ses conséquences. D'un autre côté, l'on voit les Epoux heureux par-tout ailleurs que dans l'intérieur de leur domestique ; par-tout on les trouve dignes de leur bonheur. Ce n'est donc point, à proprement parler, dans la nature du lien ni dans la personne des époux qu'il faut chercher l'origine du mal dont le mariage est susceptible.

Je vous ai entretenue ailleurs de l'attention & du discernement qu'il convient d'apporter dans le choix d'un Epoux, des convenances & des analogies qu'exige la plus étroite des unions, & je ne peux m'empêcher de vous faire encore observer ici que les malheurs qui accompagnent si fréquemment le lien conjugal, viennent presque tous de la précipitation des parens, de leur négligence & de celle des Amans, à assortir les caractères, & plus spécialement de l'ignorance où sont les contractans de leurs obligations essentielles. On ne se marie point pour se haïr : on est trop convaincu que les liens de l'Hymen ne peuvent se rompre. Tous les hommes cherchent leur bien, tous l'ont en vue ; & quel intérêt plus cher à des Epoux que celui de s'aimer ? S'ils ne se chérissent pas, croyez-moi, Sophie, c'est malgré eux. On ne fuit point le bonheur. A qui donc s'en prendre, si ce n'est ni au mariage, ni aux personnes mariées qu'il faut attribuer les calamités dont tant de couples sont frappés? A qui? A l'éducation qui, je vous l'ai déja dit, s'en tient à des termes trop vagues, trop généraux, à des notions trop obscures ; qui, en un mot, n'en dit point assez sur cette importante matière. Nous avons quelques Livres sur ce sujet : ils ne vous apprennent presque rien, ou vous instruisent sur ce que vous devez ignorer. De ces Livres, les uns ne traitent que de ce qu'il y a de physique dans l'union des sexes, & ce ne sont pas les moins utiles : les autres n'insistent que sur les moyens de sanctifier l'union, & leurs Auteurs n'ayant qu'une vaine théorie de leur sujet, se sont contentés d'ajuster, comme ils l'ont pû, des maximes claustrales à l'état actif du mariage. Ils vous présentent une foule de motifs pour aider à supporter vos chagrins ; il fallait vous donner des règles pour les éviter. N'allez pas croire que j'attaque les droits sacrés de la Religion; j'admire & je respecte les secours consolans que le malheureux en reçoit : mais le bonheur serait - il un titre de réprobation aux yeux de la Divinité, qui nous rendit également sensibles à la douleur & aux plaisirs ? L'éducation familière n'ajoute pas beaucoup à la science qu'on acquiert dans les Livres. Au moment où une fille va s'engager pour toujours, sa mère lui dit : Aimez votre mari, soyez sage, douce, complaisante, œconome. Il y a long - temps, ma chère Sophie, que je vous ai dit toutes ces choses, & je n'ai pas négligé d'y ajouter le *comment* & le *pourquoi*. La pratique de ces maximes, au reste, est très-utile ; elles comprennent même, à peu-près, tout ce qui pourrait contribuer au bonheur des Epoux , s'ils étaient instruits du détail des conséquences qui en émanent ; mais sans cela , ils ressemblent toujours à quelqu'un qui se croirait expert en mathématiques, parce qu'il sçaurait par cœur les principaux axiomes de cette science. Ils auront une théorie qu'ils ne pourront jamais réduire en pratique. La durée de la paix, de l'amour , & sur-tout celle de l'amitié, dans le ménage, dépend d'un nombre infini de connaissances : on les suppose gratuitement dans les jeunes personnes des deux sexes , puisqu'on s'est fait un devoir rigoureux de les leur interdire.

Pour justifier le ton mystérieux qu'on emploie dans l'éducation des filles, on recourt à l'absurde, à l'impossible ; on suppose des effets qu'on n'a pas soi-même éprouvés : *la Nature supplée à l'instruction*, vous dit-on. Cela est faux, & pour en convaincre cette Mère confiante, je lui demande si l'impulsion de la Nature l'avait éclairée sur tels & tels articles ? A ces questions, on baisse les yeux, on bégaie ; une rougeur stupide décèle qu'on a tort, sans vouloir prendre la peine d'avoir raison.

Je ne vois par-tout dans la Société que des femmes qui protestent de l'ignorance où elles étaient avant de se marier. Elles accusent hautement leurs parens qui leur ont laissé ignorer une foule d'objets qu'il leur importait de connaître, & qui se sont obstinément appliqués à leur cacher certains points essentiels à leur félicité. Elles se plaignent, oui, elles murmurent ; mais changeront-elles de système à l'égard de leurs filles ? Oh ! non. La méthode mystérieuse a trop d'appas ; elle donne au vice même l'air de la candeur ; elles continueront de la suivre, puis ajoûteront avec une confiance imbécille : *la Nature y suppléra.*

La Nature, toûjours uniforme dans son plan, assujettie elle-même à des règles générales, n'a pû rien prévoir fur les *modes* variées à l'infini des Sociétés, ni fur des *ufages* mobiles & qui ne font point de fa fondation. Il eft dans le mariage , comme dans les autres conditions de la vie, une multitude de fituations qui ne font ni fâcheufes ni agréables; on y éprouve des fentimens qui ne font ni le plaifir ni la douleur, mais qui participent de ces affections & qui y conduifent. La Nature n'a rien à nous faire preffentir fur la fuite ou la recherche de ces fujets moyens, de ces accidens fubalternes, qui par notre art ou notre ignorance deviennent fouvent des caufes majeures & des principes féconds de bonheur ou d'infortune. C'eſt l'uſage, c'eſt l'expérience, c'eſt l'inſtruction familière qui nous apprend comment nous pouvons éviter ees maux & nous procurer ces biens ſécondaires. Dans l'état agreſte, nous n'avions pas beſoin de la ſcience de ces moyens ; les ſituations qu'ils produiſent n'exiſtaient pas. Retournons dans les forêts, & livrons-nous à l'inſtinct : rarement il nous trompera ſur les objets qui ſont de pur ſentiment.

Dans la Société, il faut un autre guide ; quiconque s'y abandonnerait à l'inſtinct, trébucherait à chaque pas. Point de profeſſion, point de rang qui n'ait ſes maximes, ſes règles, ſa poli-

tique. On n'agit point à la Cour
comme à la Ville, & l'on se comporte différemment chez un Duc
& Pair & chez un Secrétaire du
Roi. Il est des bienséances de
chaque état, & je ne vois pas
pourquoi l'on semble les bannir
du Mariage. Ne diroit on pas que
le Mariage est essentiellement
une condition d'indifférence absolue, dans laquelle on peut im-
punément se permettre les liber-
tés les plus familières, les plus ré-
voltantes mêmes, & les actions
les plus capables de faire naître
les dégoûts? On le penserait, du
moins, à en juger par la conduite
des Epoux. Quel est votre dessein
en vous mariant ? D'inspirer à
votre mari la plus délicate des
passions,

paſſions, l'amour ; de l'accroître, de l'entretenir s'il exiſte déjà ; d'être en un mot l'objet unique des hommages de ſon eſprit & de ſon cœur. Fort bien ! & pour y parvenir, vous vous montrez continuellement à ſes yeux dans les ſituations les plus propres à le guérir d'un tendre penchant, s'il en était prévenu. C'eſt encore là, convenez-en, ma chère Sophie, c'eſt encore là une de ces con-tradictions dont votre ſexe n'a pu ſe garantir. Cela ſoit dit, ſans prétendre en diſculper le nôtre.

Il ne ſuffit pas à une femme d'être belle, ſage, modérée, œco-nome : ce ſont d'excellentes qua-lités qui doivent lui ſauver la haîne & le mépris de ſon Epoux ;

mais lui mériteront - elles son amour, son amitié ? Très-souvent, non. Il ne pourra lui refuser son estime : il ne sentira rien au-delà. Pour aimer une femme, nous exigeons qu'elle soit aimable, & qu'elle le soit à nos yeux. La beauté, la laideur, le bon ou le mauvais caractère, cèdent aux analogies que nous seuls appercevons : les sentimens réunis de l'Univers entier ne font pas capables de déterminer le mien, en faveur de l'objet qui me répugne. La naissance de ce sentiment particulier exige une conduite particulière.

Cet homme qui vous épouse, ressent pour vous l'amour le plus vif, l'amitié la plus tendre ; car je suppose la liberté, & tous les avantages parfaitement égaux : six mois ne sont point encore écoulés, que l'indifférence succède à la vivacité de sa passion ; & vous en êtes étonnée ? Vous le serez peut-être davantage quand vous apprendrez que vous êtes l'unique cause de ses froideurs. Pour vous en assurer, jettez un coup d'œil sur votre conduite. N'avez-vous point éteint en lui la faculté d'aimer ? D'ailleurs, quand nous voulons mériter la bienveillance de quelqu'un, nous mettons en œuvre tous les moyens imaginables de captiver son affection. Au défaut de qualités naturelles & relatives, une politique adroite & dont les plus simples n'ignorent

pas l'ufage , nous porte à nous en
fuppofer. Dans cette circonftance nous nous garderons bien
de choquer les rapports , & ,
quand nous devrions mortifier
notre vanité , nous ne laifferons
paraître de qualités que ce qu'il
en faut précifément pour plaire à
telle perfonne que trop de talens
offufqueraient. Ainfi préfentant
avec foin les côtés les plus avantageux , & cachant de même
ceux qui ne le font pas, nous
fommes toûjours placés dans le
jour le plus favorable à l'égard
de celui dont nous voulons mériter l'attention.

Mais, fi nous ufons de tous
ces ménagemens & de beaucoup
d'autres, pour la réuffite de quel-

ques projets qui nous importent aſſez médiocrement, que ſera-ce lorſqu'il s'agira d'aſſurer notre félicité par la conquête d'un cœur, dont la poſſeſſion peut ſeule la fixer; lorſqu'il ſera queſtion de nous concilier une perſonne avec laquelle les loix & de libres ſermens nous aſtreignent à paſſer notre vie? Les ſentimens de l'époux déterminent abſolument la deſtinée heureuſe ou malheureuſe de l'épouſe. Qu'elle réfléchiſſe ſur ce principe, ſur cette vérité de fait qui ne peut être conteſtée, ſans démentir l'expérience de tous les temps; & qu'elle y aſſimile ſa conduite.

LETTRE XIII.

De quelques branches de la Politique du Mariage.

LA Science de se bien conduire dans le Mariage, renferme un trop grand nombre de parties, pour que j'entreprenne de les traiter toutes. Ce serait d'ailleurs se livrer à un travail inutile, puisqu'il est impossible de prévoir dans quelles circonstances une femme se trouvera précisément. Je présume néanmoins que ce que je vous ai déjà dit touchant la Politique du Mariage, joint à quelques détails que j'y vais ajoû-ter, suffira pour vous guider dans

les cas les plus généraux & les
plus difficiles. Que s'il en furvient
d'imprévus, comme cela ne fçaurait guères manquer d'arriver ,
vous recourrez aux inductions,
& vous concluerez , de la manière dont vous vous êtes com-
portée en telle occurrence , comment il convient que vous agiffiez
en telle autre.

Votre fexe , ma chère Sophie,
eft fujet à des accidens naturels
dont il ne doit point avoir de
honte ; parce que fans ces accidens il ne ferait pas ce qu'il eft ,
la fource refpectable du genre
humain. Si l'on doit rougir, c'eft
d'être privé de ces marques ca-
ractériftiques de la puiffance de

fe reproduire, dans l'âge où elles doivent fe manifefter.

L'état de mère auquel les femmes font deftinées, quoiqu'il convienne fi bien au phyfique de leur être, ne laiffe pas néanmoins de caufer quelquefois en elles des changemens difgracieux, & qui font rangés dans la claffe des maladies. Les uns & les autres de ces accidens n'altèrent pas toûjours les traits du vifage d'une manière fenfible : il arrive même qu'ils n'ôtent rien de fon éclat à la beauté. Cependant ils vous mettent dans une fituation peu favorable aux plaifirs de l'amour, qui exigent, pour être parfaits, que tous les fens foient agréablement frappés ; & c'est peut-être une précaution de la nature qui vous avertit par des symptômes extérieurs de la surabondance des humeurs & de leur vice, & de l'incapacité où vous vous trouvez actuellement de remplir ses vues.

Lorsqu'il surviendra en vous quelques changemens de cette espèce, soit à la suite de l'enfantement, soit dans les temps intermédiaires, gardez-vous qu'un stupide préjugé ne vous porte à les dissimuler à celui qui prend soin de votre santé. Une pareille conduite a mis plusieurs femmes à deux doigts du tombeau, & quelques-unes se sont dévouées au trépas par leur silence obstiné

E v

fur des incommodités qu'elles croyaient honteufes. Mais fi votre médecin ne doit pas ignorer ces accidens, vous ne fçauriez ufer de trop de prudence pour en dérober la vue à votre Epoux.

Pour fentir la néceffité de cette conduite, ou, fi vous voulez, de ce myftère, fongez que votre mari eft homme, qu'il eft fufceptible des mêmes affections, des mêmes répugnances & peut-être de plus de délicateffe que la plûpart des autres hommes. Eh ! pourquoi bleffer la fenfibilité de celui qui doit vous aimer toûjours, par des objets que vous voudriez fouftraire à la curieufe pénétration des femmes mêmes qui vous fervent & dont l'opinion n'a rien d'intéreffant pour vous ? Ce que vous n'oferiez laiffer foupçonner à l'Amant, à l'étranger, doit-il être expofé aux yeux de l'Epoux ? Je connais cent femmes qui dans ce cas, pouffent la réferve jufqu'au fcrupule avec leurs plus intimes amies, & qui ufent de la liberté la plus révoltante envers leurs maris.

C'eft par l'organe délicat de la vue que nous recevons la plûpart de nos fenfations : celles entr'autres qui excitent l'amour, paffent par ce canal pour aller fe rendre au cœur : c'eft la route la plus ordinaire. On ne fçaurait donc être trop attentif à éloigner de l'œil tout ce qui ne doit pas lui caufer des impreffions agréables.

E vj

C'eſt encore un principe duquel nous pouvons tirer pluſieurs conſéquences.

De-là , ſi les ſoins que vous prenez de votre parure , pour vous montrer en public , ne ſont pas continués dans le particulier ; ſi vous ne vous montrez à votre Epoux que dans ces négligés ou-trés qui décèlent l'abandon de ſes charmes & l'indifférence de plai-re , il réſultera de cet oubli des bienſéances deux effets funeſtes à votre tranquillité , & qui ſeront l'origine d'une foule de chagrins, ſi vous aimez votre mari. D'abord rien ne pourra l'empêcher de croire que vous êtes plus jalouſe d'exciter l'attention des autres hommes , que la ſienne. Cette préférence, suppofée peut-être, fera payée d'une préférence réelle; car, en fecond lieu, comme nous nous reffemblons tous, à quelques nuances près, il recevra de la part des autres femmes qu'il voit continuellement dans la fituation la plus propre à les faire valoir, les mêmes fenfations que vous faites éprouver aux hommes en les frappant à la fois par les beautés de la nature & par les fublimités de l'art. Vous fentez, ma chère Sophie, jufqu'où ces préventions peuvent conduire un Epoux, & combien eft dangereux l'ufage établi de ne fe point gêner entre mari & femme.

Les exemples font fréquens de femmes qui, après avoir infpiré l'amour le plus vif, n'ont pû tenir six mois à la société intime du mariage, sans qu'elles eussent d'autres défauts, qu'une négligence extrême. Je n'en rapporterai pas de subsistans, parce que je ne veux mortifier personne.

Dans le seiziéme siècle, Diane de Château-Morand fut épousée par un aîné de la Maison d'Urfé. Elle avait tous les avantages qui peuvent faire rechercher une fille ; la richesse, la naissance ; & elle était jeune & sage. Cependant son mari, excédé des dégoûts qu'elle lui causait, préféra le célibat perpétuel, à sa compagnie. Il chercha des prétextes & en trouva pour faire dissoudre son mariage ; puis il embrassa l'état

Eccléfiaftique. L'ingénieux Auteur de l'*Aftrée*, Honoré d'Urfé fon frere, aimait Diane depuis long-temps. Il s'accommoda avec Rome, obtint une difpenfe & époufa fa belle-fœur. Mais vaincu à fon tour par les répugnances, & n'ayant pû obtenir de fa femme qu'elle eût un peu plus de foin de fa propre perfonne, il fut contraint de s'en féparer. Ainfi l'amour & l'intérêt, c'eft-à-dire, les deux plus puiffans mobiles des actions humaines, n'ont pût l'emporter dans l'efprit de deux frères fur des dégoûts qu'une légère attention aurait prévenus.

Comme il ne s'agit de rien moins dans le mariage que d'être aimée, & de l'être toûjours, il semble qu'on ne doit pas moins d'égards à son Epoux, qu'au reste de la Société. Cependant parce qu'une parure continuelle deviendrait fastidieuse, il serait ridicule de l'exiger. Je voudrais seulement qu'il ne se trouvât point de disparités frappantes entre vous & vous-même à l'heure du chocolat & à l'heure du spectacle ; qu'on pût également vous reconnaître soit que vous brilliez dans un cercle, soit que vos appas reposassent dans votre appartement.

Pour éviter l'impression fâcheuse que peuvent causer les différences qu'on remarque dans quelques femmes vues à divers instans, il est un moyen bien sûr,

Sans méprifer la mode, n'en foyez point efclave ; ne faites pas ufage d'ajuftemens trop recherchés ; que l'art n'obfcurciffe point la nature en vous, qu'il fe borne à la développer, comme l'ambre fert aux odeurs. Ne recourez même à l'art que par dégré ; qu'il ne faffe que fuppléer au naturel ; c'eft fon emploi. Si on l'ajoûte à la beauté, il la flétrit.

En fuivant cette methode, il vous fera facile d'être toûjours la même, & fans vous livrer à des foins auffi multipliés qu'inutiles, vous ne céderez qu'au temps qui détruit également la compacité des marbres & la fragilité des rofes. Habituellement vétue d'un air fimple, vous n'en plairez pas moins. Il arrivera feulement que vous exciterez moins de paffions. Elles feraient votre malheur, Sophie : vous n'en voulez qu'au cœur de votre Epoux. Sa conquête eft l'ouvrage du fafte domeftique : auffi je ne vous l'interdis point. Que dans l'intérieur de votre ménage , la plus exacte propreté règne fur vous : ufez fréquemment des bains , ils ne font pas moins amis de la fanté que des plaifirs ; que vos dèshabillés foient galants , coquets même s'il le faut , & je crois inutile de vous donner leçon fur les plus avantageux ; en un mot , ayez une extrême attention à corriger la nature quand elle choque ; ajoûtez à fon action lorfqu'elle en manque : & comme rien n'eft plus fatale à l'amour que les répugnances, évitez la compagnie intime de votre Epoux dans tous les inftans où vous pourrez raifonnablement fuppofer que votre fituation ne vous eft point favorable. Interrogez-vous dans ces cas , & rappellez-vous que la volupté , pour mériter ce non, doit être pure ; que la mélanger, c'eft la détruire ; & qu'enfin une femme qui perd fon avantage en pareille circonftance, court rifque de perdre auffi les droits qu'elle a fur notre cœur.

La conduite des deux fexes dans les campagnes & parmi la populace des villes, ne prouve rien par rapport à vous. Sçavez-

vous pourquoi chez eux l'amour
eſt à l'épreuve des dégoûts , &
qu'ils continuent de s'aimer dans
des ſituations qui nous feraient
horreur ? Le voici. L'homme ruſ-
tique n'eſt pas auſſi ſuſceptible
que le courtiſan ; & quand il aurait les ſenſations auſſi délicates,
que lui reviendrait-il de ſes répugnances ? Il rencontrerait les
mêmes inconvéniens dans toutes
les femmes de l'eſpèce de la ſienne. D'ailleurs il n'a pas la vue frappée ſans ceſſe par des objets ra-
viſſants & faciles ; & les beſoins
& les obſtacles le rameneront
toûjours à celui dont il a la poſſeſſion acquiſe & légitime, (a)

(a) Les Hollandaiſes ſont jolies & fort at-

Vous ne m'alléguerez pas les empreſſemens de votre Epoux : ſes ſollicitations preſſantes ne juſtifieraient point votre condeſcendance dans ces intervalles où la nature vous interdit les plaiſirs. La facilité d'une femme alors me ſemble déceler plus de tempérament, que de complaiſance. La

---

tachées ; mais la conſervation de leur craſſe originelle eſt chez-elle un précepte religieux. Elles ne font uſage des bains, qui ſervent ailleurs à prévenir les maladies & à entretenir la fraîcheur de la peau, que dans les cas extrêmes. Auſſi en Hollande les particuliers aiſés ont-ils une femme pour en avoir des enfans & pour œconomiſer leur maiſon dont elles ſont comme le premier domeſtique, & une maîtreſſe dont ils ſont fort jaloux & pour laquelle ils font d'immenſes dépenſes. C'eſt ordinairement une étrangère.

crainte de déplaire par des refus fondés en raisons, & dont il est si aisé de pallier l'amertume, n'est pas un motif assez puissant pour déterminer à commettre sa santé, celle de son mari, & courir le risque de donner l'être à des individus infirmes & maléficiés auxquels l'existence est le plus funeste présent qu'on ait pû faire.

Peu de femmes ont reflèchi sur la politique du Mariage; presque toutes ignorent la science du choix des momens où elles peuvent céder à l'impulsion du desir, sans en tarir la source. Il paraît qu'elles ne cherchent qu'à multiplier le plaisir, sans s'inquièter si elles l'abrègent, ou non. Leur erreur vient sans doute de ce

qu'elles ne prévoient point le retour de la réflexion, ni combien
le souvenir de quelques images
peu agréables leur est désavanta-
geux. Il faut sçavoir, se rendre
justice, ma chère Sophie. Quoi
qu'on en dise, la préférence
ne se donne jamais qu'à l'objet qui la mérite le plus, n'importe à quel égard. Pénétrez-
vous de cette maxime & agissez
en conséquence. Mais sur ce principe, que de femmes accusent la
légèreté de leurs maris, & qui ne
devraient accuser que leur propre conduite !

LETTRE XIV.

Des devoirs de mère. Des premiers soins dus à l'enfance.

MANQUER à ses devoirs, ma chère Sophie, c'est se manquer à soi-même, parce qu'alors vous affaiblissez dans les autres l'idée qu'ils avaient de votre propre excellence. Ainsi la femme qui refuse de se donner des descendans, quoiqu'elle en ait la puissance, fait soupçonner qu'elle est stérile ; & malgré la dépravation des mœurs, le sentiment que nous avons pour elle diffère beaucoup de la tendresse affectueuse que nous éprouvons à l'occasion

cafion des femmes fécondes. Cel-
le-là peut bien exciter de ces
paffions dont la durée eſt incer-
taine, au lieu que celles-ci ſont
toujours l'objet d'une ſenſibilité
que les glaces de l'âge ne réfroi-
diffent point. Mais l'opinion
dont nous ſommes prévenus contre une Mère qui dénie à ſa poſtérité les ſecours qui lui ſont dus,
eſt infiniment plus défavanta-
geuſe & participe de l'odieux du
crime qui l'a fait naître. Ce procédé dont les brûtes ne donnent
pas d'exemples, nous révolte ; &
par une ſuite des principes généraux de l'équité, la haîne &
le mépris qu'elle témoigne avoir
pour ſon eſpèce, réjailliffent ſur
elle. C'eſt lui faire grace que de

II. Partie. F

la considérer comme un débiteur riche, qui préfere ses aises à sa libération.

Jamais un individu n'est dans une meilleure position, que lorsqu'il se trouve dans le point précis que la Nature lui a assigné, qu'il s'efforce de remplir le rôle qu'elle lui a départi; car alors il tend vers la fin qui lui est destinée : & c'est en cela que consiste son principal mérite. Ce n'est pas, je vous le répète, ce n'est pas aux succès que sont dus les suffrages : c'est à ce qu'on fait pour les obtenir.

Sur ce pied-là ne pourroit-on pas soutenir que les femmes ont mal conçu le projet de se rendre heureuses; qu'elles se sont trom-

pées dans le choix des moyens de
se faire aimer, & de s'attirer notre
estime & notre respect ? L'erreur
me paraît d'assez de conséquence
pour être soumise à l'examen.

Ce serait bien ici le lieu où je
pourrais rappeller tout ce qu'elles
ont fait contre l'austérité des loix
de leur sexe ; tout ce qu'elles n'ont
pas fait, quoique des obligations
essentielles les y asservissent ; &
enfin tout ce qu'elles auraient dû
faire pour remplir leur destination
naturelle : mais cela nous mene-
rait trop loin. Pour justifier mon
assertion , une question suffit :
sous quel point de vue les femmes
se considérent-elles dans le monde? Y sont-elles des objets de pur

agrément, ou des objets de première utilité ?

À en juger par leur conduite,
on ferait tenté de croire qu'elles
s'imaginent n'exister dans la société que pour le luxe ; qu'elles
se regardent comme un sexe uniquement destiné aux passions de
l'autre, & dont tout l'emploi se
borne à exciter & à satisfaire des
désirs. Le dessein de plaire, s'il
se renfermait dans de justes limites, ne serait pas la qualité la
moins estimable des femmes ;
mais on ne peut s'empêcher de
l'improuver, lorsqu'il embrasse
l'universalité ou seulement la pluralité des personnes.

Plaire, n'est pas, au reste, dans

le sens même où je l'entends, un
si merveilleux avantage pour les
femmes : car, que leur revient-il
de cette foule de passions qu'elles
font naître ? Des hommages souvent faux, toujours vains & paf-
fagers. Elles inspirent de l'amour,
oui ; mais d'une espèce qui survit
rarement à la jouissance, & dont
la suite ne laisse que le regret d'y
avoir sacrifié. Les délices que nous
goûtons dans leur commerce intime, la possession de la plus
charmante maîtresse, ne peuvent
qu'étonner & ravir les sens : l'esprit qui calcule les biens & les
maux réels, & qui sçait seul les
apprécier, fixe notre opinion, &
venant à se replier sur lui-même,
s'affranchit de la reconnaissance

qui n'eſt due qu'aux actions ver-
tueuſes. Voilà pourquoi les deux
ſentimens de l'amour & de l'eſtime ne ſe réuniſſent pas toujours
en faveur du même objet, quoique dans l'ordre des choſes ils
ſemblent être inſéparables.

Si les femmes, au contraire, ſe
regardaient comme des êtres de
première utilité, & que, ramenées
aux principes, elles ſe comportaſ-
ſent conſéquemment à cette
haute idée qu'elles ſe feraient
faite d'elles — mêmes ; forcés à
notre tour de les conſidérer ſous
le double point de vue de l'agréable & de l'utile, nous ne pour-
rions plus reſſentir de l'amour
pour elles, ſans que le reſpect &
l'eſtime accompagnaſſent ce ſen-

timent. Les idées de penchant, de nécessité, ne seraient pas détruites, parce que ces causes n'en exciteraient pas moins ; mais elles seraient balancées par un autre motif, par celui du devoir qui justifie toutes les démarches tendantes à le remplir, & qui exclut plusieurs suppositions moins avantageuses les unes que les autres aux femmes qui s'en écartent.

Concluons donc, ma chère Sophie, que les femmes se sont trompées dans le choix des moïens qu'elles ont employés à la recherche du bonheur, & que la conduite opposée à celle qu'elles ont tenue, pourrait bien être la seule qui y conduisît. Dussiez-vous m'appeller *Homme à maximes*, je foutiens que, pour jouir des agrémens d'une condition, il faut en remplir les devoirs.

Ceux d'une *Mère* ne font pas fi exorbitamment nombreux qu'on voudrait bien le faire entendre ; & elle doit rencontrer d'autant moins d'obftacles à y fatisfaire, qu'ils la conduifent au but de la Nature. Ce n'eft pas qu'elle comblât fa deftinée en fuivant le penchant qui entraîne tous les êtres, uniquement par propenfion & au hafard de donner ou non la vie à des individus qui doivent lui fuccéder & perpétuer fon efpèce. L'honneur d'être *Mère* eft dû à de plus nobles foins.

Aussi-tôt qu'un enfant a pris l'être dans les flancs d'une femme, l'exiſtence de celle-ci acquiert une valeur qui eſt en raiſon doublée de ce qu'elle était auparavant. Tous les ſentimens à ſon égard, & par conſéquent le ſien, doivent s'augmenter en proportion. Chargée volontairement d'un dépôt inappréciable, & ſur lequel la Société n'a pas moins de droits que la Nature, tout ce qui tend à le détruire ou ſeulement à l'altérer, la rend coupable d'un crime contre lequel les Loix ne ſçauraient aſſez déployer de vengeances. L'extrême molleſſe & l'oiſiveté abſolue ne ſont cependant pas ce qui convient le mieux à ſa ſituation.

E v

La groſſeſſe n'exclut point la vie
laborieuſe ; mais autant les oc-
cupations modérées lui ſont propres, autant les excès en tout
genre lui ſont nuiſibles.

La Nature en exigeant la gra-
titude des enfans envers leurs
Père & Mère, n'a point préten-
du que l'action de leur donner
l'être ſeul, la méritât. C'eût été
trop accorder au plaiſir, à l'accident fortuit, à de vagues deſſeins,
que d'y attacher la reconnaiſ-
ſance. Ce n'eſt pas à l'être, c'eſt
au bien-être que ce ſentiment
eſt dû. Pour l'obtenir de vos enfans, vos ſoins pour eux com-
menceront avec leur exiſtence,
& vous les leur continuerez en
les allaitant. Je ne vois qu'une

maladie grave ou une misère extrême qui puisse dispenser les
Mères de cette obligation, & je
serais zélateur d'une administra-
tion qui assurerait des ressources
quotidiennes aux femmes indi-
gentes dans l'intervalle où elles
nourriraient leurs enfans (a).

(a) L'établissement de l'Hôpital des *En-
fans-Trouvés* fait honneur à la piété du Fon-
dateur. Il obvie au crime de l'infanticide
que pourrait commettre un petit nombre
de filles séduites & qui n'osent avouer leurs
faiblesses. Si on le bornait à son premier
objet, si le surplus de ses revenus employés
aujourd'hui à faire nourrir par des femmes
de la campagne les enfans qui y sont apportés,
tait affecté à la subsistance des Mères qu'une
extrême disette empêche d'allaiter & force
à exposer leurs enfans, je présume que l'espèce humaine y gagnerait. » J'ai vu, dit
» l'Auteur *des Corps Politiques*, par les Re-

Enſuite de la première enfance, dans ce laps de temps où de
frêles créatures expriment encore
mal leurs beſoins, les ſoins de la
Mère ne leur ſont pas moins néceſſaires. Privées de la puiſſance
de réduire leurs penſées en actes,
la plus ſcrupuleuſe attention ne
ſuffit pas toujours pour prévenir
leurs appétits.

Les enfans en bas âge reſſem-
blent à de la cire molle, qui
reçoit toutes les impreſſions qu'on
veut lui donner. Depuis l'inſtant
où ils commencent à concevoir,
à avoir des idées diſtinctes, juſ-

» giſtres d'un Hôpital, que ſur cinquante
» enfans apportés, à peine un ſeul avoit-il
» atteint l'âge de puberté «. Liv. 1. c. 8.

qu'à celui où ils acquièrent la
ſcience du choix & de la préférence, toutes leurs facultés ſe reſ-
traignent, pour ainſi dire, à l'imitation. Il n'eſt pas même néceſſaire que ceux qui agiſſent en
leur préſence ayent le deſſein
d'en être copiés : qu'ils en ſoient
apperçus ; c'eſt aſſez : & comme
le cerveau des enfans eſt dans
une grande dilatation , les objets
dont ils ſont frappés, par quelque
ſens que ce ſoit, s'y impriment
de manière, qu'il eſt ſouvent impoſſible de les en effacer.

Les notions des enfans ſe forment de ce qu'ils voyent , & il
arrive aſſez ordinairement que
leur conduite dans l'âge plus
avancé , participe des premières

leçons qu'ils ont reçues. J'ajoûte un trait qui milite pour cette opinion, & j'en pourrais citer bien d'autres.

La Gouvernante de la petite *** avoit un Amant, & l'intrigue datait déjà d'aſſez loin, lorſque cette fille, après s'être aſſurée de la diſcrétion de ſon éléve, haſarda de la conduire chez lui, où l'on n'oublia rien de ce qui pouvait l'engager à y revenir & à garder le ſecret. Pendant plus de ſept ans Mademoiſelle *** y ſuivit ſon Argus, & dans tout cet intervalle elle fut le témoin muet des privautés que pouvaient prendre enſemble deux perſonnes paſſionnées. Je ſuppoſe que ce qu'elle

soupçonna, plutôt que ce qu'elle
vit, enflamma ses désirs. Quoi qu'il
en soit, elle n'avait pas encore
atteint treize ans qu'elle se sentit
dévorée par des inquiétudes, par
des agitations inconnues. Son
cœur brûlait déjà, & c'était pour
l'Amant de sa Gouvernante :
bref, elle le lui rendit infidéle.
C'était un homme peu avantagé
de la fortune, mais qui heureu-
sement avait de la naissance, de
l'esprit & les manières les plus
nobles. Il connaissait votre Père,
il s'ouvrit à lui pour l'intéresser
en sa faveur. On sollicita & l'on
obtint de Madame *** qui était
l'amie intime de votre famille,
qu'elle consentirait au mariage
de sa fille avec le seul homme

qu'elle pût décemment épouser.
Mais cette négligente Mère es-
suya ensuite de la part de votre
Père un sermon, qui fit tant
d'impreſſion ſur ſon eſprit, que
depuis cette époque elle a toujours été la Gouvernante en titre
de ſes filles.

Nous ne naiſſons pas avec le
ſçavoir, ma chère Sophie; mais
ſeulement avec des diſpoſitions à
apprendre. Réduits pendant bien
des années à ne faire rien, qu'imi-
ter, de quelle conſéquence n'eſt-
il pas que nous n'ayons que de
bons modèles? Les vices des
enfans ne ſont ſouvent que ceux
de leurs domeſtiques. On ne les
reconnaît pas toujours diſtincte-
ment, parce qu'ils s'affaibliſſent

ou s'augmentent en s'adaptant aux vertus ou aux défauts naturels des jeunes personnes ; mais un peu d'attention sur ce qui se passe dans la Nature suffit pour nous convaincre que les qualités & les imperfections des autres, s'incorporent en nous, comme les autres maladies se communiquent. J'aimerais autant qu'on exposât des enfans à l'air infect d'un Lazaret, que de les voir abandonner par leurs parens aux soins d'une valetaille corrompue.

Quelle que soit d'ailleurs l'affection de vos domestiques, ils n'auront jamais pour vos enfans l'œil de leur propre Mère. Si les soins qu'exige la tendre enfance vous répugnent, vous *Mère*, vous que l'intérêt le plus sacré attache, quel effet doivent-ils produire sur des mercénaires ? Croyez-vous que les entrailles de cette Femme-de-chambre, de cette Gouvernante, seront aussi émues que les vôtres quand votre fils se cassera un bras ? Que les allarmes qu'elle témoigne à la vue du moindre accident, ne vous en imposent point. Elle ment la crainte & la douleur. Ce n'est pas son sang, c'est le vôtre qui est exposé. Vous êtes *Mère* ; elle ne fait qu'en jouer le rôle. Si elle le remplit mal ?... Elle perd sa place : vous perdez, vous, la joie, la consolation de toute votre vie ; vous êtes privée des plus douces espérances : & peut-être voyez-vous se briser

le principal lien qui vous attachait
votre Epoux.

Née avec un cœur tendre,
avec un caractère fensible; délicate jufqu'au fcrupule fur le bonheur des autres, vous aimerez
votre poftérité, & vous en ferez
chérie. Des enfans qui vous de-
vront l'être & le bien-être, que
vous aurez allaités de votre fein,
qui n'auront reçu que de vos
mains les fecours qu'exige leur
faiblefle; des enfans qui jouiront
continuellement de la vue & des
careffes de leur Mère, qui, pour
ainfi dire, n'auront eû que vous
pour objet de leurs affections, ne
feront point ingrats. Ce n'eft pas
un vice fimple que l'ingratitude.
Elle fe forme de la haîne, au

moins du défaut d'amitié ; de la comparaison des services rendus, avec d'autres, jugés plus essentiels, ou enfin de ce qu'on a reçu, avec ce qu'on croit avoir mérité. Je ne crois pas que nous naissions ingrats : nous le devenons par l'exemple ; vous préserverez vos enfans de sa contagion, en ne les confiant qu'à vos propres soins.

A mesure que les enfans croissent, ces soins deviennent moins désagréables, mais plus difficiles. Insensiblement le temps vient où il faut leur parler raison, & répondre pertinemment aux questions qu'ils hasardent pour former la leur. Comme la première opinion dont ils se préviennent est, pour l'ordinaire, celle qui leur reste, qu'au moins ils ne la peuvent secouer sans de pénibles efforts, la conduite qu'il faut tenir en cette occurrence demande beaucoup de circonspection, relativement au caractère d'esprit & aux penchants du cœur. Ce moment que j'appelle celui de la première instruction, devient plus critique encore lorsque des préjugés divisent les Epoux. Je n'ai rien à vous prescrire à cet égard. Je me contenterai de vous observer, ma chère Sophie, que de toutes les sciences qui ne conviennent point à votre sexe, la controverse est celle qui lui sied le

moins ; & que le repos étant
l'objet de toutes vos démarches,
il vous est préférable, en ce cas,
de suivre le sentiment de votre
Epoux, toutes les fois que vous
le pourrez, sans faire violence
à la vérité dont vous auriez l'intime conviction.

LETTRE XV.

D la manière la plus simple &
la meilleure de nourrir & élever
les Enfans.

VOUS allaiterez les enfans
dont le Ciel bénira votre couche ; vous y êtes toute difposée,
ma chère Sophie ; c'eft remplir
un des plus importans devoirs de
l'humanité ; c'eft acquérir réelle-
ment le titre de Mère. Celles
qui fe difpenfent de cette effen-
tielle obligation, ne le font qu'à
moitié. Une chofe feulement
vous embarraffe : comment s'y
prendre pour nourrir un enfant ?
La première femme n'eut point à

qui faire cette queſtion : le ſeul inſtinct l'éclaira ſur la manière de conſerver ſon fruit ; il le lui rendit cher.

Je conçois cependant que, dans l'état ſocial, il ſe rencontre des difficultés qui n'exiſtaient pas dans l'état naturel. A meſure que les Nations ſe civiliſent, le tact de la Nature s'affaiblit en elles. L'attention partagée, perd beaucoup de ſa vivacité ; le reſſort de l'ame, dont l'action ne s'étendait d'abord que ſur les objets qui nous étaient propres & perſonnels, s'uſe & devient inert, en quelque ſorte, par la multitude d'impreſſions que lui cauſe une foule d'objets étrangers. Captivés par l'uſage, qui

eſt tout à la fois le conſerva-
teur & le tyran des Sociétés,
nous agiſſons plus par imitation
que par aſſentiment; & tant de
bienſéances auxquelles il faut ſatisfaire, ou du moins qu'il ne
faut pas affecter de mépriſer, ſont
d'éternelles entraves à la direc-
tion des penchans dont nous
ſommes prévenus par la Nature.

Il s'agit donc de ſatisfaire en
même temps aux devoirs de Mère
& à ceux de la vie civile, qui
varient & ſe multiplient ſuivant
le rang qu'on tient dans le monde; & de concilier l'obligation
de nourrir ſa poſtérité, avec le
droit de jouir des avantages que
la fortune nous a départis.

Si vous aviez été nourrie &

élevée dans la maifon paternelle, fi vous aviez été témoin des foins que votre Mère aurait pris de vos puînés, il ne ferait pas utile de vous entretenir aujourd'hui fur la manière d'allaiter & de traiter les enfans, qui leur eft la plus avantageufe, & en même temps la moins gênante pour les Mères. Voilà l'inconvénient de l'ufage où l'on eft actuellement, d'éloigner de foi les enfans dès le moment de leur naiffance, pour ne les revoir que lorfqu'ils n'ont plus befoin de fecours. Interrogez cent femmes qui ont quarante ans de ménage : elles n'en fçavent pas plus que vous fur le traitement des enfans.

Je vous l'ai déjà dit, ma chère

Sophie, le grand Précepteur du genre humain réuni en société, c'est l'exemple : il vous manque, & vous avez raison de ne point vouloir hasarder un essai sur des enfans qui vous seront chers. Il vous en coûterait trop de larmes, si vous aviez le malheur de vous tromper.

Vous consulteriez en vain sur un objet aussi intéressant, ces femmes mercenaires qui font leur métier d'allaiter les enfans des autres : asservies aux vieilles coûtumes, incapables de les corriger, elles ne sçauraient vous instruire. Je craindrais seulement qu'elles ne vous prévinssent contre le dessein où vous êtes d'entreprendre une tâche, que le préjugé ne groſſit déjà que trop.

En effet, ſi vous ſuiviez leur méthode , vous éprouveriez à chaque inſtant des difficultés plus rebutantes les unes que les autres; &, vaincue par l'impoſſibilité, vous renonceriez à votre projet. Cette nourrice eſt ſans ceſſe occupée auprès de ſon nourriſſon. Elle l'emmaillotte; il crie : elle met en liberté ſes membres qui étaient captivés ſous les bandes du maillot, puis le moment d'après les réduits dans leur premier état de contrainte. De nouvelles douleurs excitent de nouvelles plaintes; elle préſente ſon ſein à l'enfant, elle force ſon appétit; & ce rafraîchiſſement dont il n'a pas beſoin, & que l'indiſcrétion de la Nourrice répète au gré de sa fantaisie, cause à la frêle créature une toux qui, pour l'ordinaire, est suivie du vomissement. Alors elle lui frappe légèrement sur le dos ; si l'enfant ne se taît pas, elle recourt au dernier moyen ; elle l'étourdit par un bercement auquel une grande personne aurait bien de la peine à tenir. Enfin il s'endort, ou plutôt engourdi par la violence des mouvemens du berceau, il tombe dans un spasme, dans un assoupissement qui ne dure qu'autant de temps qu'il en faut à la circulation pour reprendre son équilibre. L'enfant se réveille, & les mêmes soins recommencent à l'infini.

Les Nourrices éludent les demandes de la Nature, & ne la satisfont pas. Un enfant par ses cris n'exprime autre chose que des besoins, que des douleurs: croyent-elles donc qu'à son âge on se paye d'apparences, & qu'il ne s'agisse que de substituer le balancement, à des nécessités? Ce procédé ne peut s'employer qu'à l'égard des personnes raisonnables, que l'éducation a disposées à être les dupes des probabilités.

Il paraît démontré que les enfans ne forment que peu ou point de desseins. Les desseins sont le résultat d'une combinaison d'idées, dont ils ne sont pas capables. Dire qu'un enfant est

méchant, c'eſt dire une imper-
tinence : avancer qu'il ſouffre,
puiſqu'il crie, c'eſt aller au but.

Sur ce pied-là, toute la ſcience
de traiter les enfans ſe réduirait à
démêler les cauſes de leurs ſouf-
frances. Certainement elles ſont
diverſes, & dans le nombre il
en eſt même qui échappent à la
pénétration des plus habiles Mé-
decins. Je ne prétends point parler de celles-ci ; leur cure eſt ſouvent l'ouvrage de l'art le plus
conſommé, plus ſouvent encore
elle y réſiſte : je m'en tiens aux
plus communs, & l'expérience
eſt mon ſeul guide.

Si les douleurs d'un enfant
ſont produites par le beſoin d'alimens, il eſt aiſé de s'en con-

vaincre. Présentez-lui votre sein. Il connaît cette source de sa subsistance, il s'y portera avec vivacité & en exprimera le lait avidement. Son silence, après avoir pris sa réfection, le sommeil qui succède presque toujours aux repas des enfans dans le premier âge, sont des signes univoques qui ne vous laisseront aucun doute sur la cause des cris du vôtre.

Une Nourrice étrangère n'a pas cette ressource pour s'assurer de l'état d'un nourrisson. Son lait peut être, pour l'enfant, un aliment aussi dangereux, que le seraient les mets les plus indigestes pour un estomach faible. Il peut contenir trop ou trop peu de parties nutritives, être trop féreux ou trop fec; en un mot, il peut être dans fon tout , d'une nature abfolument oppofée a celle de l'enfant.

Vous ne parerez point à cet inconvénient, en choififfant une femme dont le lait ne foit ni plus ancien ni plus nouveau que le vôtre; en la foumettant au régime que votre Médecin prefcrira; en la nourriffant précifément comme vous : toutes les précautions actuelles ne changeront point la conftitution qu'elle tient de fes Pères & d'un régime antérieur ; & ce fera toujours un effet du hafard fi, fur mille femmes, vous en trouvez une feule dont le tempérament ait d'affez parfaites analogies avec le vôtre, pour que la santé de votre enfant ne soit point altérée par des dissemblances qui l'affectent désagréablement (*a*).

Assurée que ce n'est point le besoin de nourriture qui excite les cris d'un enfant, examinez les vêtemens qui le couvrent, & s'ils ne sont pas trop pésans ou trop légers ; s'ils sont d'une délicatesse assortie à celle de sa peau :

(*a*) J'aimerais mieux qu'en suivant la méthode des Anglais, on essayât d'assimiler du lait de vache au lait de la Mère, par des mixtions appropriées ; mais, comme l'a observé l'estimable Citoyen qui a voulu mettre la méthode des Anglais en pratique parmi nous, le rapport parfait du lait de deux êtres aussi différens, exigerait beaucoup d'expériences. La Nature en donnant du lait aux femmes, n'a pas cru devoir nous apprendre à y suppléer par celui des brûtes.

faites attention à sa posture, qui fait peut-être souffrir quelque partie de son corps; aux odeurs étrangères qui peuvent frapper son odorat; enfin à l'air qu'il respire. Rien n'est indifférent à l'extrême sensibilité, & celle des enfans est de ce genre. Si après avoir fait cesser les causes que vous connaissez, les douleurs continuent, laissez agir la Nature pendant quelque intervalle, & ne recourez à l'art que lorsqu'elle semblera exiger absolument son secours. Le traitement de la plûpart des maladies, dans le premier âge, a bien des difficultés. Elles deviennent insurmontables lorsque les symptômes ne se manifestent pas, parce qu'on ne peut attendre aucune indication certaine de la part de l'enfant. D'ailleurs les remèdes qu'on administre dans cet état, sont presque toujours ou trop faibles ou trop violens; & dans l'un & l'autre cas, ils sont inutiles ou dangereux.

Mais il arrivera rarement qu'un enfant issu de parens sains & robustes, nourri par sa propre Mère, & de son lait, soit grèvé de maladies un peu considérables dans son premier âge. Elles sont plus ordinairement la suite du mauvais régime de nos Pères, qu'un vice d'organisation; & comment détruire le germe infect de la corruption qu'un enfant apporte en venant au monde? Comment suppléer à la débile complexion qui lui a été transmise ? Je suppose qu'à force d'art & de soins, on lui en formera une nouvelle ; mais sera-t-elle de durée ?

Nous voyons que parmi tous les animaux qui allaitent, les femelles ont suffisamment de lait pour nourrir leurs petits, en quelque nombre qu'ils soient : pourquoi donc la nature, si libérale envers les brutes, aurait-elle refusé le même avantage aux femmes ? Il est plus vraisemblable de dire que quelques femmes délicates, ou qui ne voulaient pas s'astreindre au régime bienfaisant d'une vie simple, ont manqué de lait, & qu'alors on imagina cette mixtion qu'on nomme

Bouillie, pour suppléer à l'aliment naturel. Dans la suite, cette ressource due à la nécessité des circonstances, fut adoptée généralement par des femmes plus attentives à conserver la fraîcheur de leur teint, que la santé de leurs enfans ; par des femmes qui croiraient s'avilir, si elles osaient s'avouer robustes, & qui ignorent que la première vertu de leur sexe est d'être Mère & d'allaiter.

Il suffirait de s'assurer que les personnes les mieux constituées ont souvent bien de la peine à digérer la *Bouillie*, pour l'exclure du régime des enfans. Le lait de vache ou de chèvre, donné pur, a déjà trop de consistance : si vous y ajoutez la farine, il en acquiert une nouvelle. Loin d'augmenter la qualité nutritive du lait de vache, en y mêlant la farine, il faudrait l'attenuer par le moyen de quelqu'autre fluide approprié. Par le procédé contraire, on surcharge l'estomach des enfans, & il en peut résulter les plus fâcheuses suites, sur-tout lorsque la *Bouillie* n'a pas le dégré de cuisson qui lui convient.

On peut manquer d'expérience, Sophie; mais agir contre l'expérience, quand on l'a, c'est le comble de la déraison. Lorsque nous voulons réduire une élévation survenue en quelque endroit de notre corps, ou redresser un membre qui tend à se courber, nous employons les bandages, afin que comprimant la partie élevée ou courbe, ils la remettent en son état naturel. Ces réductions, au reste, ne se font pas sans douleurs, ou au moins sans des inquiétudes dans la partie asservie, causées par l'empêchement qu'apporte le bandage à la circulation du sang ou des humeurs.

Si l'on convient de ce fait, je demanderai pourquoi nous retenons les enfans dans d'éternelles entraves? Par quelle bizarrerie cruelle réduisons-nous leurs membres & leurs corps sous une étreinte universelle? Voulons-nous enseigner à la Nature comment on moule un être? Voulons-nous rendre rond ce qui, dans son système, doit être quarré; menu, ce qui doit être gros, & rétrécir les parties qui doivent avoir une certaine capacité ? Nous convenons bien que c'est la Nature qui donne la matière & la forme à tout ce qui est ; que tant qu'elle ne rencontre point d'obstacles invincibles, elle donne à ses productions le plus haut dégré de perfection auquel il soit possible d'atteindre, & cependant nous nous efforçons de la corriger dans la structure des enfans, par les bandes répetées dont nous les enveloppons. Faut-il s'étonner qu'un enfant crie lorsqu'il est emmaillotté, c'est-à-dire, lorsque ses membres délicats éprouvent une compression totale, que la circulation de ſes humeurs eſt gênée, que ſes mouvemens & ſon accroiſſement ſont arrêtés, & qu'enfin le jeu de l'organiſation trouve par-tout des difficultés qu'il ne peut ſurmonter?

La ſenſibilité des enfans eſt ſi généralement connue, que ces mêmes femmes qui les emmaillottent, aſſurent qu'on ne peut leur toucher ſans beaucoup de ménagement. En effet, tout imprime ſur des créatures auſſi peu formées; mais on ſuppoſe apparemment que l'étreinte étant générale, la douleur en eſt moins vive.

Les inconvéniens du maillot ne ſe bornent pas à arracher aux enfans des cris excités par la dou leur. Ces enveloppes multipliées, en les défendant du contact de l'air, dont les qualités toniques raffermiſſent la peau; ces enveloppes, dis-je; les entretiennent dans leur premier état de ſenſibilité; & comme alors l'épiderme eſt extrêmement poreux, il repompe une portion conſidérable des ſécrétions & des évaporations qui purgeraient le corps, ſi le maillot ne s'oppoſait à leur iſſue. Voilà l'origine de ces gerſures, de ces coupures, de ces excoriations qui ſurviennent aux enfans ſous le maillot, & dont la cure réſiſte quelquefois aux remèdes, par le flux des humeurs qui abondent en certains individus. Dans les pays où les enfans

font en liberté, les maladies de
la peau font prefque inconnues.

On découvre aifément l'ufage
primitif du maillot dans la négligence ou la pareffe des Mères
& des Nourrices. Un enfant lié
& garotté dans fon berceau, n'a
pas befoin d'être obfervé; on eft
fûr de le retrouver dans la fituation où on l'a laiffé, quelques
néceffités qu'il ait eues, quelques
douleurs qu'il ait reffenties. Mais,
ne peut-on pas également s'affranchir du foin de les veiller
fans ceffe, en fuivant la méthode de quelques Provinces où
l'on fe contente de pofer les enfans nuds fur des couffins, dans
des lieux où règne un air tem-
péré? Par ce moyen, qui ne

gêne point la Nature, ils marchent bientôt seuls, & l'on n'a point à craindre qu'ils se blessent, parce qu'on a l'attention de ne les jamais placer sur rien qui soit élevé.

Parmi nous les enfans ne sortent du maillot, que pour être resserrés dans des corps de baleine. Vous ne suivrez point cet usage à l'égard des vôtres. A trois ou quatre mois ils marcheront sur les pieds & les mains, ou plutôt ils ramperont ; dans peu ils se dresseront sur leurs jambes sans le secours des promeneuses & des lisières. Ces cordons, avec lesquels on suspend les enfans dans des corps baleinés, les supportent d'une manière douloureufe & retardent l'action des forces naturelles. Si vous lâchez un inftant la petite créature accoûtumée à être ainfi retenue, elle tombe comme une maffe, fans effayer même d'oppofer la roideur de fes membres à fa chûte. Eh! comment un enfant chercherait-il à fe retenir? Bardé de fa piquure de baleine, il n'a pas l'ufage libre de fes membres, il ne connaît ni leur dégré de force, ni l'art de les mettre en jeu: habitué à être porté par fes lifières, il compte fur leur fecours, & tombe lorfqu'elles lui manquent. Quand un enfant veut marcher, il faut le laiffer faire. S'il n'eft jamais retenu, il ne fe bleffera jamais.

Ces beaux hommes que nous admirons dans les troupes de la Nation Helvétique , n'ont pas été moulés dans des corps baleinés. Evitez sur-tout cet article de l'usage à l'égard des enfans que vous aurez, de quelque sexe qu'ils soient. Non - seulement il est ridicule de vouloir que la taille des garçons soit arrondie, mais il est certain que l'application d'un corps baleiné sur les parties extérieures affaissent les parties internes, rétrécit la capacité de quelques-unes, & peut même leur donner une configuration diamétralement opposée aux vues de la Nature.

C'est principalement par rapport aux filles, que les inconvé-

niens des corps balainés se multiplient & qu'ils produisent de
dangereux effets. Plus d'une ont
payé de leur vie le soin qu'on
a pris de leur rendre la taille
fine & svelte, & une infinité
d'autres ne traînent une vie lan-
guissante, & n'offrent aux yeux
qu'un squelette décharné, que
parce qu'elles n'ont pû prendre
sous la contrainte du corps l'ac-
croissement qui convenait à leur
constitution.

Deviennent-elles Mères? leurs
flancs, jusques-là trop compri-
més ne peuvent contenir un enfant. Si, malgré la difformité des
parties intérieures, elles conçoi-
vent, leurs enfans sont des êtres
débiles, privés des proportions
requises,

requifes, & qui ne lutent contre les difficultés jufqu'au terme ordinaire, que pour expofer leurs Mères aux dangers de l'accouchement le plus laborieux.

Tous les Gens de l'Art conviennent que les corps baleinés s'oppofent à l'amplitude que doit avoir la partie inférieure de la taille des filles; que le bufc, prolongé au-delà même de la symphife des os pubis, en applatit la forme, & fait perdre aux deux baffins qu'ils recouvrent la capacité que la figure, naturellement convexe de ces os, leur donnerait.

Je ne peux, ma chère Sophie, vous en dire davantage fur cette matière, fans entrer dans des détails ennuyeux, parce qu'on eft convenu de ne parler de tout ce qui a rapport à l'objet essentiel de la génération, qu'en termes inintelligibles pour les personnes de votre sexe. Revenons-en donc à l'expérience.

Parmi les Brûtes il périt un très-petit nombre de femelles en devenant mères, tandis que beaucoup de nos femmes succombent dans l'enfantement. D'où vient cette différence ? Pour la trouver, jettons un coup d'œil, je ne dis pas sur divers climats, mais seulement sur diverses conditions, & nous verrons de combien de nuances est susceptible l'action d'accoucher, parmi les femmes. Pour les unes, c'est un travail dont l'idée seule fait fré-

mir; pour les autres, c'est l'ouvrage d'un moment, & elles n'in-
terrompent même point leurs oc-
cupations ordinaires pour avoir
mis un enfant au monde. Que
conclure de cette diverfité? Elle
vient du climat, dira-t-on. J'at-
tefte ici l'exemple des Gauloifes
nos grand'mères, & celui plus
frappant encore des Brûtes qui
vivent au milieu de nous, fous
ce même climat dont vous accu-
fez l'influence.

La Nature eft à peu près
la même par-tout, & l'efpèce
humaine n'a pas reçu moins
de vigueur en partage que les
autres efpèces. Que dans bien
des pays eile fe foit écartée des
Loix de fon inftitution, c'eft ce

H ij

qu'on ne peut nier, & voilà d'où
viennent les variétés de tempérament, qu'on y remarque. Chez
les Brûtes, ainsi que parmi ces
femmes qui accouchent si facilement, le genre de vie est simple ; point de Nourrices étrangères, point d'autres alimens que
le lait de la Mère pendant la
première enfance ; point de bercement, point de maillot, point
de corps baleinés qui atténuent
l'espèce & rendent sa propagation
plus difficile. Essayez de cette
méthode qui laisse à la Nature
toute son énergie. Je la crois
bonne ; & l'expérience de plus
d'un pays où elle est pratiquée,
m'a convaincu qu'elle l'est.

Ce qui me reste à vous dire

ne vous regarde pas moins, que votre poſtérité. Les femmes enceintes dans les Capitales ſe ménagent trop ou trop peu. Telle au moindre ſigne de groſſeſſe, ne ſort plus de ſon appartement, qu'elle ne ſoit portée par deux Valets. Sept ou huit mois d'inaction plongent les reſſorts de ſon corps dans une léthargie qui les rend incapables des élans néceſſaires pour mettre un enfant au monde. La force n'eſt ſouvent que l'habitude d'agir. Telle autre, oubliant la fragilité du dépôt dont elle eſt chargée, ſe comporte comme ſi elle était libre, ſe gorge d'alimens cruds ou corroſifs, de liqueurs brûlantes, danfe & joue bien avant dans la nuit.

C'eft, je vous le répète, ma chère Sophie, c'eft pendant la groffeffe fur-tout que les excès font dangereux ; des exercices violens, une oifiveté abfolue, répugnent également à l'état de mère. Tant d'enfans ne naiffent débiles, que par la mauvaife qualité du chyle qui a fait leur première nourriture. On n'en voit un fi grand nombre périr prefqu'en naiffant, que par le trop ou le trop peu de foins qu'ont pris d'elles - mêmes celles qui les ont portés. Les intérêts de la fanté font réciproques entre l'enfant & la mère tandis

qu'elle le porte dans son sein :
& quelle considération plus puis-
sante pourrait engager une femme enceinte à se soumettre au
régime qui lui convient ?

LETTRE XVI.

De l'Education. Elle a des principes généraux qui sont de rigueur pour tous les hommes : elle en a de relatifs & qui n'asservissent qu'en certains lieux ; & enfin de particuliers qui sont applicables aux diverses conditions.

Si tous les hommes se ressemblaient, ma-chere Sophie, rien ne serait plus facile que l'Education ; & cette foule de Traités sur la meilleure manière d'instruire, serait inutile : un seul Livre suffirait. Peut-être même serait-il de trop ; car, à coup sûr, il contiendrait un système ; & les enfans

ne font point en état de confidé-
rer cette longue fuite de propo-
fitions que tout fyftême comporte. Avant que d'enfeigner
comment on doit inftruire les
Enfans, il faudrait néceffaire-
ment apprendre à les connaître ;
& je ne crois point qu'il y ait de
principes certains fur cet art. Les
variations continuelles qui fur-
viennent dans le phyfique de
l'homme, fur-tout dans le premier âge, dérobent fa connaif-
fance à la plus fcrupuleufe attention. Auffi je ne penfe pas que
jufqu'ici perfonne fe foit avifé de
s'affervir ftrictement à la méthode d'un tel Auteur, dans l'inftitution de fes enfans.

On dira, peut-être, pour pallier l'espèce de mépris qu'on fait du travail des plus laborieux Ecrivains qui ont traité de l'instruction, que leurs Ouvrages sont imparfaits, & qu'après avoir essayé de leur système, on a été contraint d'y renoncer ? Je répondrai que les beautés & les défauts des Ouvrages de ce genre, étant relatifs dans la pratique, un petit nombre d'expériences ne sçaurait nous mettre à portée d'en juger; & qu'il est absurde d'arguer un principe de faux, parce qu'on n'en peut faire l'application sur un sujet auquel il n'est point applicable.

Celui qui écrit, est le maître absolu de ses personnages; il paîtrit leur caractère au gré de sa fantaifie, & pourvu qu'il ne forte point de la nature, on n'a rien à lui reprocher. L'Inftituteur plie l'efprit de l'enfant qu'il fuppofe inftruire à tous fes principes ; il forme fon tempérament au defir de fa morale. Dès-lors toute la difficulté s'évanouit. Faites ufage de fon fyftême à l'égard d'un Elève qui ait précifément les mêmes difpofitions qu'il a feint de rencontrer dans le fien, & prononcez enfuite fur le mérite de l'Auteur.

Parce que les compléxions font auffi diverfes que le font les individus, un corps complet d'inftruction, c'eft-à-dire, un Livre qui contienne tout ce qu'il faut que tous les enfans fçachent, est un Ouvrage impossible. Choississez parmi tous nos Traités; vous n'en pourrez suivre un seul à l'égard d'aucun de vos enfans. Les préceptes & les penchans seront toujours dans une opposition formelle. Avec des Livres, vous conduirez à la retraite celui qu'un attrait invincible entraîne vers le tumulte du monde; vous jetterez dans le fracas des Cours & des affaires, celui qui met toute sa félicité dans le repos, qui hait l'intrigue & ne chérit que la probité; vous transformerez l'Anachorète en Soldat, l'Homme de Guerre en Berger, & le cœur altier du Héros en vil Courtisan. Mais ne comptez pas sur la durée de ces caractères artificiels. Malgré l'épaisseur des enveloppes qui lé captivent, le naturel va percer ; il se manifeste déja. Déja votre Elève compte au nombre de ses malheurs, l'éducation qu'il a reçue de vous. Sans cesse entraîné par ses inclinations, retenu par ses principes, il trouve à chaque pas la nature & les préjugés en opposition. Il voudrait, il sent qu'il pourrait être ce qu'il n'est pas. Eh ! pourvu qu'il fût honnête-homme , que vous importait-il qu'il soit ?

Dans le nombre des Livres qui ont paru sous le titre d'Institution , quelques-uns n'ont été publiés que pour faire passer, sous pré-texte d'instruire les enfans, des systêmes de Philosophie dont on était bien-aise que les personnes raisonnables se prévinssent. Les leçons qu'on y donne, si elles étaient praticables, ne seraient bonnes que pour celui auquel elles sont adressées, que pour l'être isolé, vivant dans l'état de pure nature. Mais vous comprenez, Sophie, que tous vos soins seraient inutiles, si les principes que vous donnerez à vos enfans les excluaient de tous les rangs de la société. Ne les forcez point à des professions auxquelles ils répugnent ; ménagez-leur une entrée libre dans toutes. Telle a été la méthode que j'ai suivie en vous instruisant.

Nous vivons dans un Etat policé ; nous sommes soumis à des

loix, à des usages : c'est une ob-
servation essentielle à faire en
commençant l'éducation. Si les
maximes qui la fondent ne peuvent être pratiquées au grand
jour, ou du moins si elles ne peuvent l'être sans éprouver de perpétuelles contradictions, vous
n'atteignez point au but que vous
vous étiez proposé : votre Elève
ne sera pas heureux (a). Il pourra
même arriver, s'il a le caractère infléxible, qu'il soit la victime de son opinion.

Ce n'est qu'en cultivant votre
Elève, que vous apprendrez à con-

____

(a) Indépendamment de toute hypothèse,
l'éducation est la base la plus solide du bonheur, dit l'Auteur des Corps Politiques,
L. 1, c. 4, édition de 1764, t. 1.

naître son caractere, ou du moins les qualités de l'humeur qui domine en lui; & ce n'est qu'après avoir acquis des notions certaines sur cet objet, que vous pourrez déterminer quels seront les principes de détail qui doivent entrer dans le plan de son éducation. Vous l'occuperez pendant cet intervalle des principes généraux, que nous ne pouvons négliger d'apprendre & de pratiquer dans quelque situation que le sort nous ait placés.

Ces principes sont en petit nombre; mais ils embrassent tous les temps, tous les lieux & toutes les personnes. L'amour du Prochain, la soumission aux Puissances, la nécessité de rendre un culte à l'Etre Suprême, font des maximes si universelles, qu'elles se retrouvent par-tout où la nature n'est pas corrompue. Si le bien & le mal font effentiellement immuables, si le local ou les circonstances n'y peuvent rien changer, le fils du Prince & celui de l'Artifan n'ont qu'une règle commune à cet égard. Ils font également comptables des actions qu'ils commettent dans leur pofition refpective. C'est la qualité de ces actions qui décide de la fatisfaction qui leur en revient fur le trône ou dans les chaînes; & quand les loix font forcées de fe taire à l'afpect du coupable, les remords fuppléent à l'action coërcitive de leur pouvoir. Dès-lors sa félicité est détruite, & par conséquent le but de son éducation ; celui-même de ses démarches est manqué.

En vain quelques Politiques semblent permettre le mal en certaines circonstances, qu'ils donnent à entendre, plutôt qu'ils n'expriment ; en vain y ajoutent-ils la condition du bien qui doit en résulter : leur autorité m'est suspecte. Le bien ne peut pas résulter du mal, comme l'effet découle de sa cause. Ce n'est qu'en renversant tous les principes qu'on prétend appercevoir la moindre identité entre des choses aussi diverses. L'une suppose l'absence absolue de l'autre, & autant vaudrait-il dire que la lumière procède de l'obscurité.

Les Machiavélistes & ceux qui avant eux ont permis le mal dans un cas quelconque, niaient apparemment l'existence des remords & la notion claire & distincte qu'ont tous les hommes, du bien & du mal. Autrement, si toutes nos démarches ont le bonheur pour objet, si les remords excluent le bonheur, & qu'une action criminelle fasse naître les remords, leur leçon devient inutile. Elle ne peut que multiplier les misérables.

S'il est des instans critiques où la raison d'Etat porte la souveraineté civile à des actes de rigueur, qu'elle réprouve même en les commettant, ces instans sont rares, & à quelque point que la néceſſité les multipliât, comme ils ſont hors de la règle, ils n'en peuvent ſervir aux particuliers, Ce n'eſt point relativement à ſon propre intérêt que la ſouveraineté doit agir dans ces criſes; ce n'eſt qu'un remède qu'elle applique au corps politique, qui courrait riſque de ſe perdre en entier, par un excès de ménagement envers quelques-uns de ſes membres : encore doit-elle alors plus que jamais ſe tenir en garde contre la maxime odieuſe qui autoriſa, jadis, à répandre le ſang innocent pour le ſalut de la République.

Lorſqu'un Ecrivain, entraîné par la nature du ſujet qu'il traite, haſarde des principes qui combattent le sentiment de ce qu'on doit à l'humanité, il ne sçaurait spécifier trop distincte- ment les cas où l'on est forcé d'y recourir, & n'en offrir la ressour- ce à la souveraineté, que dans ceux où tout autre expédient se- roit inutile ou dangereux. Sans cette précaution, ses maximes ne peuvent servir qu'à jetter dans une erreur dangereuse des hom- mes déja avides du bonheur, & qui ignorant ce qui le constitue & les moyens de se le procurer, se livrent aisément aux plus faus- ses spéculations. L'ambition est une passion naturelle; la vouloir détruire, c'est tenter l'impossi- ble. On peut la modérer : voilà tout. Vous l'excitez, vous l'embrâſez en lui préſentant des moyens courts & faciles de ſe ſatisfaire. S'ils lui ſont offerts par des gens dont le nom fait autorité, le frein le plus ſacré ne ſera point capable de la retenir : tout ce qui eſt utile eſt honnête (a) aux yeux du Conquérant homicide ; & le crime qui ajoute à ſon domaine, devient un acte de vertu.

Ce ſont les maximes des Politiques, qui ont produit ce cruel *égoïſme* dont tant d'hommes ſont entachés, & qui dévaſterait en

---

(a) Maximes d'Ageſilaüs, Roi de Sparte, qui vivoit quatre ſiècles ou environ avant notre Ere. C'étoit un Prince brave, vigilant, auſtère dans ſes mœurs; mais était-il hon nête homme? Cela n'eſt pas démontré.

fin la société, s'il devenait général. Si leur usage est quelquefois permis aux Puissances, pour maintenir l'ordre public, c'est sans conséquence pour les particuliers qui ne peuvent jamais les adopter, sans troubler cet ordre.

Les élémens du Culte Religieux doivent entrer dans la première éducation ; mais je crois qu'il est inutile de descendre dans des détails trop étendus, ou dans le développement de sujets trop abstraits à l'égard des enfans. Ce qu'on leur en dirait, étant au-dessus de leur portée, n'imprimerait que peu ou point sur leur esprit.

Les devoirs relatifs à la Puissance souveraine, quoique compris fous la maxime de l'amour du prochain, en tant qu'il fuppofe le refpect, l'eftime & le defir d'être utile ; ces devoirs, dis-je, forment néanmoins une claffe à part, & dont l'étroite obligation ne fçauroit être bien conçue, que nous n'ayons des idées nettes du pouvoir & de la fubordination, des raifons qui les fondent, & de l'intérêt que nous avons à les entretenir.

Non-feulement un motif religieux & les droits tranfcendans du fang, me rendent la perfonne du Souverain, facrée ; mais le fentiment de mon propre intérêt, me le rend cher ; il m'ordonne de lui être fidèle & foumis, d'employer toutes mes forces à

fa

fa défenſe. Ce ſentiment n'eſt
point un préjugé né de l'habitude ; car je conçois clairement que
ſi toutes les forces partielles n'a-
boutiſſent pas au chef, comme
à leur centre, il eſt dans l'impoſſibilité abſolue de veiller à la
conſervation des membres de
ſon Etat dont je fais partie.

Je conſidère la tranquillité
dont je jouis ſous une Souveraineté, comme le retour de la fidé-
lité que je lui voue, & des ſecours
que je lui porte. Quand ces deux
baſes du pouvoir lui manquent,
les particuliers n'ont plus le droit
d'en attendre de protection. Privée elle-même de ce qui la conſ-
tituoit eſſentiellement, elle op-
prime ce qu'elle ne peut plus dé-

fendre ; elle dégénère en tyrannie, & finit par s'ensevelir sous
les débris confondus du Monar-
que & de l'Empire.

Si le Citoyen & le Sujet rè-
glent respectivement leurs devoirs d'après ces notions, vous
conviendrez , ma chère Sophie, qu'elles sont au-dessus de
la portée des enfans dans l'âge
où je les suppose ici. Il faut plus
de jugement qu'on ne le pense
communément , pour tirer de
justes conséquences des principes
mêmes les plus simples, quand
ils roulent sur un objet de spé-
culation ; & telle est la nature de
ceux-ci à l'égard des enfans. Ce
n'est qu'à force de comparer &
de raisonner, que nous acqué-

rons la faculté de juger sainement
sur des matières de cette espèce.

La Morale proprement dite,
ou plutôt la Morale pratique, en
ce qu'elle se trouve presque toute renfermée dans la maxime de
l'amour de ses semblables, peut
être enseignée à toutes sortes
d'âges & sans distinction de
temps. Dès qu'un enfant voit,
parle & entend, on peut lui faire
commencer ce cours si utile & si
négligé, duquel doit dépendre
tout son bonheur.

L'esprit & le génie, les connaissances profondes & sublimes
ne sont pas toujours nécessaires
pour faire une bonne éducation.
Ces qualités, d'ailleurs désira-
bles, seraient insuffisantes sans

les mœurs. Des mots brillans &
des actions vicieuses ne condui-
sent point à la vertu ; tandis
qu'il n'est pas d'instant dans la
vie, où, sans l'appareil des grandes expressions , une honnête
femme ne puisse apprendre à
son fils à devenir honnête homme. L'expérience vous confirme-
ra cette vérité.

L'âge tendre est le plus propre à inculquer la morale, parce
qu'il ne s'agit point dans cette
Science de préceptes qu'on n'entend pas, mais d'exemples qu'on
voit, & qui ne peuvent manquer
d'être sentis, puisqu'ils frappent
les sens extérieurs, qu'ils les affectent d'une manière uniforme,
& qu'en se répétant ils épargnent

à l'esprit toujours pareffeux de la
Jeuneffe, le foin pénible d'affem-
bler des mots mal connus, d'en
former des idées, de les comparer, & de juger fur ces images
artificielles : opération dont bien
des perfonnes font incapables
dans la maturité de l'âge.

La morale fe fubdivife en une
infinité de branches relatives à
ceux qui la pratiquent, & à ceux
envers lefquels elle eft pratiquée :
elle embraffe dans fon objet tout
le genre humain, & encore les
fituations variées à l'infini où
peuvent fe trouver les individus
qui le compofent, fans acception
des perfonnes. C'eft une de ces
matières qu'on a le plus rebattues,
& fur lefquelles il refte le plus à

dire. Un feul jour offre fouvent plufieurs cas qui ne font point encore réfolus, parce qu'on n'a pu les prévoir, ou qui le font mal, parce que le Moralifte ne s'était point trouvé dans de femblables circonftances : de forte que le moyen le plus court, & peut-être le plus fûr, ferait de fe conduire par fentiment à l'égard des autres hommes, en obfervant toujours de régler fes démarches fur la maxime invariable qu'il faut éviter le mal & faire le bien.

Je mets en fait qu'on donne à un jeune homme tous les Effais de Nicole ; je fuppofe auffi qu'il les lira avec application ; qu'enfuite de cette longue & pénible étude, on l'introduife dans le monde , qu'on l'examine de près ; & l'on verra qu'à chaque pas fa conduite fera en contradiction avec les préceptes qu'il a lus.

Ce n'eft pas qu'il n'y ait un grand nombre d'excellentes chofes dans l'ouvrage dont je parle ; c'eft que la morale ne s'apprend point dans les Livres. Ceux de ce genre ne font guères utiles qu'aux perfonnes inftruites : ils leur rappellent une infinité de lieux communs. D'ailleurs, dans cette foule de maximes qu'on en retient après les avoir lus, il ne s'en trouve pas une feule , peut-être, qui foit applicable aux circonftances où vous vous trouvez actuellement.

L'usage & l'exemple, voilà par excellence le Livre des enfans,

Feignez qu'un domestique vous a manqué : reprenez-le avec douceur ; pardonnez – lui avec bonté. Dites ensuite à votre fils : voici deux actions, dont la première s'appelle modération, & la seconde clémence.

Quelqu'un entreprend votre éloge ; interrompez-le, en détournant la conversation sur un autre sujet. C'est, pour l'Elève, une leçon de modestie.

Une personne a hasardé des propos sur votre compte, vous a calomniée, a cherché à vous nuire. Accueillez cette personne-là poliment ; faites-lui sentir, sans aigreur, le tort qu'elle s'est fait en essayant de vous en faire : puis témoignez-lui avec une sincère affection, que, touchée de son repentir, vous avez tout oublié. Cette manière de prêcher le pardon des injures, n'est pas la moins énergique.

Du bruit s'élève entre vos gens ; faites-les paroître devant vous. Condamnez avec sévérité l'aggresseur ; consolez l'offensé. Voilà encore, pour votre fils, deux importantes leçons de compassion & de justice.

Un malheureux se présente ; vous connaissez ses besoins ; il vous les a confiés. N'attendez pas qu'il s'épuise en supplications. Elles ôtent le prix aux bienfaits.

I v

& dégradent celui qui les reçoit.
L'enfant apprendra dans cette
leçon comment on doit donner.

Je n'entrerai pas dans un plus
grand détail fur la méthode-pra-
tique d'inftruire la Jeuneffe des
devoirs qui doivent un jour l'occuper. Cet échantillon fuffit à
quiconque la voudra fuivre. D'ailleurs, je vous le répète, les docu-
mens particuliers font abfolument
fuperflus en matière d'éducation ;
& c'eft toujours à la fagacité de
l'Inftituteur qu'il faut laiffer le
foin de choifir les occafions d'inftruire fon Elève. Elles ne manquent jamais : tout l'art confifte
à les faifir ; & cet art, on ne peut
le donner.

Il me refte encore deux points

à toucher ; je vous l'ai promis en commençant , je tiendrai ma parole ; mais ce fera pour une autre fois : car en vérité, ma chère Sophie , ma Lettre deviendrait trop volumineufe. Ce n'eft pas que le fujet ne foit intéreffant , & que je ne reffente un plaifir inexprimable à m'entretenir avec vous ; c'eft uniquement parce que *les longs Ouvrages me font peur.*

LETTRE XVII
ET DERNIERE.

Suite du même sujet, où l'on traite des principes relatifs au local & aux différentes conditions.

APRÉS vous avoir entretenue dans ma derniere Lettre des préceptes généraux de l'Education, il ne me reste que peu de chose à vous dire sur la nécessité de plier l'esprit des enfans aux loix de leur pays, & à celles de leur condition. Vous concevez, ma chère Sophie, que votre Elève chercherait en vain le bonheur, si sa conduite était constamment réprouvée par l'usage, si son opinion voulait toujours triompher de l'opinion reçue : fût-il doué des plus brillantes qualités, il ne sera jamais qu'un homme singulier, dont le caractère est extrêmement difficile à soutenir.

Les préjugés nationaux, sans asservir l'esprit, imposent à la conduite. Je sçais ce que je dois penser du Bramine assis sur son trône à Jagrenate; mais je me garderais bien d'insulter à la crédulité des Indiens qui lui offrent en tremblant leur encens & leurs richesses. Si dans quelques lieux où le sort nous transplante, les coutumes qui y sont admises, exigent toute notre circonspection, à plus forte raison devons-nous respecter les préjugés de nos

Concitoyens. Comme ils ne font pour la plûpart que d'anciens ufages confacrés par l'habitude , ou des dérivés de ces ufages qu'une longue fuite de temps a corrompus, ofer les fronder , c'eft frapper celui qui en eft imbu, par l'endroit le plus fenfible.

La félicité de votre Elève eft l'objet des foins que vous prenez à l'inftruire. Penfez-vous donc qu'il la puiffe trouver dans une Société dont il fera le cenfeur perpétuel, & qui , par un jufte retour, foumettra fes actions les plus indifférentes à la plus févère analyfe ?

Pour fe concilier l'eftime de ceux avec lefquels nous vivons , eft-ce trop faire que de ne les pas contredire ? & de notre côté, pouvons-nous acquérir le repos à meilleur marché, qu'en ne troublant point celui des autres ? Un Institut qui subsista quelque tems parmi nous, & dont l'Europe admira la politique, sans l'approuver, sçut amener à ses principes un grand nombre de Japonois, en adoptant les leurs autant qu'il le pouvoit, sans déroger aux siens. Plus d'infléxibilité eût fait avorter ses projets : ses succès furent le fruit de sa condescendance.

L'erreur est l'aliment du genre humain. Il peut en changer : pourra-t-il s'en priver jamais ? Sa pente vers le vrai, la difficulté de le découvrir, & plus que tout cela, sa faiblesse, ne semblent pas le promettre.

Mais il faut distinguer dans l'erreur; & celle dont les suites ne peuvent altérer l'ordre public, & qui fait le bonheur de celui qui en est prévenu, sans rien retrancher du mien, ne doit point exciter mon animadversion.

La plus noble prérogative de l'homme, celle qu'aucun pouvoir ne lui sçaurait enlever, c'est la pensée. Par elle, & même sans la réduire en actes, il se fait un bonheur conforme à sa manière d'être. Nous sentons chacun en particulier tout le prix de cette faculté; & ce n'est que par injustice que nous essayons de détruire en autrui, un privilége dont nous regardons l'exercice comme le bien le plus précieux.

Parcourez l'univers, vous trouverez par tout les hommes asservis à des usages sans fondement, à des pratiques bizarres, à des préjuges enfin. Ils ne font qu'en varier l'espèce, & jusques dans les cultes les plus épurés, une sage condescendance en tolère l'abus. On a senti, & peut-être trop tard, l'impossibilité de redresser les notions de la multitude, qui se prévient facilement, mais que la violence même ne peut ensuite arracher à son illusion.

Ce n'est point, au reste, à des particuliers qu'il appartient de rectifier mes idées, ni de blâmer la conduite que je tiens pour me procurer la satisfaction convenable à mon être ; &, pourvu qu'elle soit indépendante de la leur, toute inspection à cet égard devient une insulte au droit des gens. Je vis sous des loix adoptées par mon pays, j'en suis les coutumes, ou, pour me satisfaire, j'en embrasse qu'elles ne réprouvent point, parce qu'apparemment elles sont indifférentes : je pense ne devoir compter de mes démarches qu'à la Souveraineté, ou à ceux qui ont la manutention du pouvoir suprême dans l'espèce dont il s'agit.

Il n'est point question ici d'erreurs capitales sur la croyance commune, ou d'usages dont la pratique pourrait troubler l'harmonie du Corps Politique. Cependant la thèse ne changera point par la nature de l'erreur ; & dans ce cas, comme dans tous les autres de moindre conséquence, ce serait encore à la Puissance législative à prononcer sur le coupable.

Nous ne souffrons qu'impatiemment la contradiction, lors même que nous l'éprouvons de la part des personnes qui ont droit de censurer nos actions ; & de quel sentiment fâcheux ne serons-nous donc pas affectés, quand elle viendra de quelqu'un qui n'aura nulle autorité sur nous ? Notre premier mouvement sera de venger l'atteinte portée à la liberté naturelle.

De tous les défauts qu'un jeune homme peut apporter dans le monde, la manie de contrarier est peut-être le plus dangereux : c'est, du moins, le plus capable d'exciter des haînes qui n'attendent que l'occaſion de ſe manifeſter.

Il n'eſt pas néceſſaire de cenſurer nos idées & nos actions pour nous contredire : l'affectation avec laquelle on agit ou avec laquelle on s'exprime en préſence des perſonnes, produit le même effet. Cette manière d'improuver ce qui vient d'ètre dit ou fait, n'eſt ſouvent même que plus cruelle, parce que rien ne jette plus de jour ſur la fauſſeté d'un raiſonnement & d'une démarche, que la

comparaison qu'on en fait avec
des principes avoués. En général,
le contredisant, celui qui fait
profession de blâmer par ses pa-
roles & par sa conduite, les modes, les coutumes & les opinions
des autres, devient pour tous les
hommes un objet de haïne ou de
crainte : deux sentimens, dont
les effets font à peu près les
mêmes.

Le desir d'être utile, naît de
l'estime : c'est une vérité de fait
que toutes les subtilités ne peuvent détruire. En vain, ma chère
Sophie, supposeriez-vous dans
un homme tous les talens imaginables, & la plus austère vertu,
il ne trouvera point d'amis dans
cette Société qui l'a en horreur,

parce qu'il s'en eſt rendu le fléau.

Ne perdons point de vue le but principal de l'inſtitution, c'eſt-à-dire, le bonheur des Elèves. Sur cette règle invariable, on ne pourra commencer trop-tôt à inſinuer aux jeunes gens l'eſprit de conciliation. Si vous débutez par leur découvrir le ridicule de certains uſages qu'ils feront, un jour à venir, forcés de reſpecter, vous ne parviendrez plus à les leur faire ménager dans la ſuite. La vivacité l'emportera ſur les préceptes ſubſéquents, toutes les fois que le vice ou la puérilité d'une action leur ſerait connue ; & ils courront riſque de ne ſe corriger de l'habitude de blâmer ou de reprendre , que lorsqu'ils sentiront la nécessité des déférences , que lors enfin qu'il n'en sera plus temps.

Dans cette appréhension , peut-être n'est il point d'autre parti à prendre vis-à-vis d'un enfant, en l'instruisant des usages , que d'appuyer fortement sur ceux qu'il ne pourra jamais se dispenser de pratiquer , & de le laisser dans une sorte de liberté indifférente, par rapport à ces coutumes, que de fausses notions ou des traditions obscures ne rendent vénérables qu'au vulgaire , admirateur entêté de tout ce qu'il ne conçoit pas. Mais à l'égard de ces dernières mêmes , j'exigerais qu'on prît soin de lui bien inculquer dans l'esprit, que les modes les plus extravagantes & les usages les plus absurdes acquièrent une sorte d'autorité par la pratique générale; que si le sentiment de notre propre bonheur ne nous permet pas d'en être les esclaves, la sagesse nous défend d'en devenir les détracteurs. Enfin je réserverais au temps où je dois exposer à mon élève les raisons qui fondent les usages divers, à lui indiquer ceux qui doivent attirer son respect ou mériter ses mépris. Il me semble qu'en suivant cette méthode, on éviterait le danger d'être prévenu par l'impétuosité du caractère qui blâme inconsidérément le bien & le mal, & réprouve

tout

tout ce qui n'abonde point en son sens.

Il ne suffit pas à l'homme, pour atteindre la perfection dans l'ordre social, d'aimer la vertu & de la pratiquer ; il lui reste encore des bienséances à satisfaire. Nous exigeons de lui que toutes ses actions, sans être gênées, soient accompagnées du dégré de dignité qui convient à son état, & que ses manieres décélent dans quelle classe la fortune l'a fait naître, sans qu'il ait besoin de nous en avertir par un faste étranger à sa personne. Si la conduite du Plébéien qui veut se mettre au ton des conditions supérieures, devient le juste sujet de nos railleries, celle de l'homme qualifié

II. Part.   K

n'en est point exempte , quand elle ne le distingue pas du Peuple. Le premier pèche par le trop d'estime de soi ; le second pour n'en avoir point assez.

Le devoir d'être utile , est commun à tous les êtres raisonnables ; & la loi de bienfaisance est la plus générique de l'humanité. Mais les services réciproques, ceux mêmes purement gratuits & la maniere de les rendre , doivent être assortis au rang que l'on tient dans la société. Un Grand riche & avare , celui qui, pour faire valoir sa faveur, ne l'accorde qu'à l'importunité , sont aussi ridicules que ce Bourgeois mal-aisé qui tranche du généreux, & qui promet à tous une protection dont il a lui-même le plus grand besoin.

Il faut bien se garder, Sophie, de confondre la hauteur avec la dignité, & la fierté noble avec le fol orgueil, dans cette branche de l'éducation qui regarde les conditions.

La dignité a ses gradations proportionnelles à la diversité des rangs; elle convient plus ou moins à tous les hommes, & donne à leurs actions un lustre qu'elles ne pourraient souvent tirer de leur propre fond. Les effets de la hauteur lui sont diamétralement opposés : elle répugne dans les personnes qui en sont infatuées, & répand sur leurs actions mêmes les plus indifférentes un caractère de févérité , qui les convertit quelquefois en outrages. La noble fierté affranchit l'ame des paffions qui l'aviliraient ; l'orgueil nourrit les penchans qui la dégradent. L'une n'a pour bornes que la prudence, & fi elle ne laiffe point ignorer comment on punit une injure, elle apprend comment on doit oublier de légères inconféquences ; l'autre, au contraire, n'ayant pour règle que la violence & fes caprices, nous porte à toutes fortes d'excès.

Si vous bercez un enfant de l'étendue de fes droits fur les autres hommes, fi d'imbécilles Gouverneurs lui confirment fans ceffe fa fupériorité fur tout ce qui l'envi-

ronne, s'ils l'habituent à ne jamais
cèder en faisant plier toutes les
volontés à la sienne, ces maximes féroces, fortifiées par l'e-
xemple, en feront un petit tyran.
Je voudrais donc que l'on com-
mençât par apprendre aux enfans
de qualité, à être humbles. La conduite de leurs égaux ne leur apprendra que trop à exiger ce qui
leur est dû & au-delà.

C'est le hazard ou la nécessité
qui destine le commun des hommes aux travaux de la guerre :
c'est la naissance qui y dévoue la
Noblesse. Le corps politique a
droit d'exiger de celle-ci qu'elle
s'expose pour sa défense : le sang
qu'elle répand pour le salut de la
Patrie est le retour des avantages

réels ou fictifs qu'elle en reçoit.
Sur ce pied-là les livres qui ne
sont propres qu'à orner l'esprit,
ne doivent point tenir la premiere
place dans l'éducation d'un jeune
Gentilhomme. Que l'Histoire des
Héros enflamme son courage ,
mais qu'il apprenne la modération dans la lecture des Philo-
sophes. La valeur sans l'humanité
ne sert qu'à former d'illustres af-
fassins.

Mon sujet ne comporte pas
des détails plus étendus sur l'éducation. Ce n'est qu'à mesure que
le caractère & le tempérament de
vos enfans se développeront, que
vous pourrez les asservir à des
maximes convenables ; & pour
vous en proposer de telles, il les

faudrait deviner. Encore pour-
rait-il arriver que, dans la multitude de préceptes subalternes
relatifs aux deux sexes, que contiendrait un très-gros volume,
vous n'en trouvassiez pas un seul
qui fût parfaitement assorti aux
dispositions dans lesquelles se
trouveront vos enfans. Avec des
principes généraux, du bon sens
& quelque peu d'usage, vous
vous passerez de bien des livres.
Vous suivrez alors la règle de
RAMUS : *peu de préceptes, & beau-*
coup d'exemples.

Je finirai en vous rapportant
les idées d'un Auteur estimable
sur l'objet en question. Qu'elles
soient neuves ou que d'autres les
ayent répétées, cela ne m'importe

guères. Il suffit qu'elles soient bonnes pour vous les présenter, &
qu'elles soient générales pour entrer dans mon plan.

» Le premier & le plus assuré
» des moyens qui peuvent con-
» duire à la vertu , est l'éduca-
» tion. Des soins bien entendus ,
» sont capables de déraciner les
» vices que l'on appelle de tem-
» pérament , ou du moins de les
» corriger assez pour les rendre
» supportables ; mais le temps de
» l'entreprendre est décisif.

» Nous employons sept ou huit
» ans, plus ou moins, à enseigner
» aux enfans la langue Latine ,
» qu'ils apprendraient dans un ,
» ou bien deux ans , à un âge
» un peu plus avancé. La seule

» raison qu'on donne pour étayer
» ce mauvais usage, est qu'il faut
» occuper l'enfance, & la déro-
» ber à l'esprit de dissipation.

» Je conviendrai de la vérité
» de ce principe ; mais ne con-
» noit-on que l'étude du Latin
» pour plier de bonne-heure l'es-
» prit à la méthode & à l'applica-
» tion ? Si on me demande ce qui
» conviendrait mieux , j'aurai
» bientôt répondu que l'utilité
» particulière & la générale de-
» manderaient qu'on enseignât :

Quid deceat, quid non, quo virtus,
    quo ferat error.

» On perd le temps le plus pré-
» cieux & le seul propre à for-
» mer les caractères ; un temps

» qui s'envole & qu'on ne retrouve
plus.

» Plusieurs enfans en liberté,
» manifestent dans leurs exercices
» & dans leurs jeux, quelles doi-
» vent être leurs inclinations. Par-
» mi les Pédagogues qu'on leur
» donne, ceux qui sont éclairés
» s'en apperçoivent & les distin-
» guent; mais leur charge est de
» leur apprendre le Latin : les le-
» çons qu'il faudrait employer
» pour les mœurs, prendraient
» sur les heures marquées du
» Thême & de la Version : c'est
» tout ce qui les occupe.

» On dit que la conception
» n'est pas assez ouverte dans ce
» premier âge pour comprendre

» les conféquences du bien & du
» mal, & que les enfans ne font
» capables que d'une routine :
» c'eft précifément ce que je dé-
» fire. Je ne veux point que l'on
» commence à les former par des
» argumens ; le grand Maître eft
» l'habitude.

» Que celui qui n'eft occupé
» que de foi, foit contraint de
» faire tout pour les autres ; que
» l'on oblige le glorieux & l'opi-
» niâtre à céder toûjours, & qu'il
» foit récompenfé quand il le fera
» de bonne grace ; que le menteur
» & le traître, ce qui fe reffemble
» affez, foient l'opprobre & le
» jouet de la petite république ;
» que l'on les force de réveler
» leur honte publiquement ; qu'ils

› soient applaudis lorsqu'ils par-
› leront & agiront avec candeur;
› qu'on condamne le vindicatif à
› pardonner, & à rendre des ser-
› vices à celui qui l'aura choqué;
› que le fainéant soit privé des
› plaisirs dont on jouit sans tra-
› vail; que l'intéressé donne toû-
› jours; que le prodigue soit sans
› ressources & manque de tout,
› sans qu'on en ait pitié: le temps
› amènera des changemens sen-
› sibles.

› Les vices du tempérament
› ne sont dans l'enfance que des
› défauts; si on leur laisse un libre
› cours , ils deviennent habi-
› tudes ; alors ils ont une force
› funeste & que l'on combattrait
› inutilement: il faut profiter du
temps

» temps où la fibre est flexible, &
» prévenir l'habitude par une ha-
» bitude contraire.

» Les semences des vertus,
» comme des vices, sont dans le
» cœur ; les unes se développent
» plutôt que les autres : elles oc-
» cuperont & garniront le ter-
» rein, si on les laisse fructifier.
» Mais si on fait continuellement
» pratiquer la vertu contraire au
» vice qui germe, il sera étouffé
» par la bonne habitude : c'est très-
» à propos qu'on la nomme une
» seconde nature.

» On se méprend dans l'objet
» de l'éducation : on orne l'es-
» prit ; l'essentiel est de rectifier
» l'ame. S'il était nécessaire d'op-
» ter, on ne devrait pas balan-

» cer ; mais on peut être attentif
» à l'un & à l'autre ensemble,
» sans le secours du latin.

» Tout ce que les anciens ont
» de convenable à l'enfance, est
» traduit en langue vulgaire. Mon
» idée n'empêche point qu'on ne
» cultive la mémoire.... L'Edu-
» cation pour les mœurs, consif-
» terait principalement en ac-
» tions, & les leçons de l'esprit,
» qui tendraient la plùpart aux
» mêmes fins, feraient dans la
» langue ufitée. L'établissement
» ferait pour le folide, le temps
» superflu pour l'ornement. Le
» grand nombre d'heures s'em-
» ployeraient aux récréations,
» qu'on peut rendre instructives
» de mille manières ; le moindre,
» à ce qu'on appelle étudier.

» Cette méthode, je pense,
» produirait encore un bien ; on
» ne verrait pas cette répugnance
» si ordinaire aux enfans pour l'é-
» tude. Les principes de la langue
» latine fatiguent le cerveau, on
» force leur faible intelligence :
» rien n'est aussi rebutant que
» d'apprendre ce qu'on ne con-
» çoit pas distinctement.

» Que l'on ne pense pas que
» je veuille proscrire le latin. Un
» traité des sociétés civiles em-
» brasse toutes les nations : dans
» cette idée, je croirais utile qu'il
» y eût une langue familière à
» tout l'univers......

» Je sçais que dans les bonnes
» écoles on donne des préceptes
» de morale...... Mais les ensei-
» gnemens qui se bornent à frap-

» per les oreilles, font compa-
» rables à un feu de paille, qui
» ne garantit du froid que pour
» un inftant.... On ne doit comp-
» ter à l'égard du grand nombre,
» que fur la pratique opiniâtre de
» l'efpece du bien, oppofé au
» mal vers lequel le penchant
» menace d'entraîner ».

Cette efquiffe, machere Sophie, toute légere qu'elle eft, doit vous mettre à portée de juger combien l'éducation domeftique, quand elle eft poffible, eft préferable à l'éducation publique. Des Maîtres ne peuvent que parler à des enfants; des parens fages agiffent devant eux.

F I N.

De l'Imprimerie de VALLEYRE l'ainé.